La Production du Département de la Moselle

et

La Revision du Tarif général des Douanes

(Projet de loi N° 3352)

OBSERVATIONS

*presentées par la Chambre de Commerce de Metz,
en tenant plus particulièrement compte des droits
du tarif douanier allemand*

(Rapport adopté en Séance plénière, le 7 Mai 1927)

SOMMAIRE

DÉSIGNATION DES PRODUITS

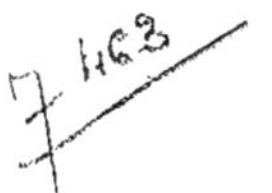

CHEVAUX

	Tarif général par tête	Tarif minimum par tête

I. — *Tarif douanier français actuel.*

Chevaux :

entiers ou hongres et juments de 5 ans et au-dessus....	945ᶠ »	630ᶠ »
entiers ou hongres et juments de moins de 5 ans	630 »	420 »
Poulains	315 »	210 »

N° 1ᵇⁱˢ — Chevaux destinés à la boucherie..................... | 90 » | 50 » |

II. — *Projet de loi portant révision du Tarif général des douanes.*

Ex N° 1. — Chevaux entiers ou hongres et juments :

de 4 ans et au-dessus.............................	1000 »	500 »
de moins de 4 ans................................	650 »	325 »
Poulains...	330 »	165 »

III. — *Observations présentées par les intéressés.*

Les nouveaux droits du tarif minimum constituent le maximum que pourra supporter l'importateur français de chevaux, surtout pour ceux de provenance belge.

IV. — *Propositions de la Commission des Douanes de la Chambre des Députés.*

(Rapport N° 4220. — Séance du 25 mars 1927.)

La position du projet de loi portant révision du Tarif général des Douanes, relative aux chevaux, a été intégralement adoptée par la Commission des Douanes.

V. — *Tarif douanier allemand actuellement en vigueur.* (Droits convertis en francs français sur la base de 1 Mk = 6 fr.)	Tarif autonome par tête	Tarif contractuel par tête
N° 100. — Chevaux	3000ᶠ »	—
Chevaux appartenant aux races flamande, dite brabançonne et ardennaise (reines Kaltblut) :		
valant jusqu'à 2500 Mk.............................	3000 »	840 »
valant plus de 2500 Mk.............................	3000 »	2160 »

VI. — *Comparaison des futurs droits français avec les droits allemands actuels.*

Avec les droits allemands actuels, l'exportation des chevaux est absolument impossible. Une réduction sensible des droits allemands s'impose par conséquent.

vant nécessairement entrer dans les éléments déterminant le prix de revient de ces poissons devenus marchands.

Et la conclusion générale à tirer est la suivante :

Pour que nos étangs à carpes puissent vivre, l'exportation française des carpes et tanches doit être favorisée en ce sens que les droits de douane des pays importateurs ne doivent pas devenir tels qu'ils rendraient cette exportation impossible. Ceci ne pourra être obtenu que par réciprocité et adoption du régime le plus favorable pour les reproducteurs et alevins exportés chez nous par les pays qui importent nos carpes et tanches de commerce, et cela doit s'arranger d'autant mieux que ce sont, nous le répétons, les pays qui nous fournissent l'alevin qui achètent nos produits marchands.

Comme conséquence de cette conclusion, nous proposons le régime suivant pour les carpes et tanches :

	Tarif général 100 kg	Tarif minimum 100 kg
N° 80. — Poissons d'eau douce vivants, frais ou congelés ou conservés à l'état frais par un procédé frigorifique :		
1) Salmonidés : Truites.........................		
2) Autres espèces : Carpes et tanches............	25ᶠ »	15ᶠ »

N. B. — La Commission des douanes de la Chambre des Députés, dans son rapport N° 4220, a maintenu intégralement les taux prévus au projet de loi, en ce qui concerne les carpes et tanches.

PRODUITS DE LA MINOTERIE

	Tarif général 100 kg.	Tarif minimum 100 kg.

I. *Tarif douanier français actuel.*

Ex N° 68. — Farines de froment, épeautre, méteil :

au taux d'extraction de 70% et au-dessus	37ᶠ 40	37ᶠ 40
au taux d'extraction compris entre 70% et 60%	45 90	45 90
au taux d'extraction de 60% et au-dessous	54 40	54 40
Ex N° 71. — Farine de seigle	17 »	17 »

II. *Projet de loi portant révision du Tarif général des douanes.*

Ex N° 105. — Farines de blé (froment, épeautre et méteil) au taux d'extraction de :

70% et au-dessus	37 50	37 50
compris entre 70 et 60%	45 »	45 »
de 60% et au-dessous	53 »	53 »

Ex N° 108. — Farines de seigle au taux d'extraction de :

70% et au-dessus	19 »	19 »
compris entre 70% et 60%	20 »	20 »
de 60% et au-dessous	21 «	21 »

III. *Observations présentées par les minoteries de la région.*

Il résulte de la comparaison faite entre le tarif actuellement en vigueur et les nouveaux droits proposés que la protection, qui est déjà insuffisante sous le régime actuel, serait pour certains produits de la minoterie encore réduite à l'avenir, si les nouveaux droits proposés étaient adoptés. Et, cependant, la meunerie française a besoin d'une protection efficace si elle ne doit pas succomber à la concurrence étrangère qui se fait déjà rudement sentir. Le producteur mosellan demande par conséquent de fixer les nouveaux droits de la façon suivante :

Ex N° 105. — Farines de blé, etc., au taux d'extraction de :

70% et au-dessus	68 »	68 »
compris entre 70% et 60%	72 »	72 »
de 60% et au-dessous	80 »	80 »

Ex N° 108. — Farines de seigle au taux d'extraction de :

70% et au-dessus	32 80	32 80
compris entre 70% et 60%	38 20	38 20
de 60% et au-dessous	42 50	42 50

IV. — *Propositions de la Commission des Douanes de la Chambre des Députés.*

(Rapport N° 4220 — Séance du 25 mars 1927.)

Ex N° 105. — Farines de blé (froment, épeautre, méteil) au taux d'extraction :

de 70% et au-dessus	60 »	60 »
compris entre 70% et 60%	72 »	72 »
60% et au-dessous	80 »	80 »

Ex N° 108. — Farines de seigle : au taux d'extraction :

de 70% et au-dessus	25 »	25 »
compris entre 70% et 60%	30 »	30 »
de 60% et au-dessous	34 »	34 »

V. — *Tarif douanier allemand actuellement en vigueur.* (Droits convertis en francs français sur la base de 1 Mk = 6 fr.)	Tarif autonome 100 kg.	Tarif contractuel 100 kg.
Ex N° 162 — Farine même grillée ou torréfiée :		
de céréales à l'exception d'avoine et d'orge............	60ᶠ »	60ᶠ »
d'avoine et d'orge.................................	84 »	84 »
N° 164. — Grains perlés, semoules et gruaux :		
de céréales à l'exception d'avoine et d'orge............	60 »	60 »
d'avoine et d'orge.................................	84 »	84 »
N° 165. — Autres produits de la minoterie :		
de céréales à l'exception de l'avoine et de l'orge.........	60 »	60 »
d'avoine non en emballages de détail de 2 kg ½ poids brut et au-dessous................................	84 »	84 »
d'orge	84 »	84 »
autres	112 50	— »

VI. — *Comparaison des futurs droits français avec les droits allemands actuels :*

La meunerie mosellane, qui plaçait autrefois des quantités appréciables de ses produits en Allemagne, est aujourd'hui dans l'impossibilité d'exporter vers ce pays, la meunerie allemande jouissant d'une protection rendant toute importation en Allemagne impossible. Dans ces conditions, il serait incompréhensible qu'alors que les Allemands ferment systématiquement leur marché aux importateurs, la France, par l'adoption des nouveaux droits proposés, ouvre au large ses portes à la concurrence allemande qui ne manquerait pas de détruire la meunerie mosellane.

LÉGUMES SECS DÉCORTIQUÉS

	Tarif général 100 kg.	Tarif minimum 100 kg.
I. — *Tarif douanier français actuel.*		
Ex Nº 80. — Légumes secs décortiqués	11ᶠ70	7ᶠ80
Nº 76bis — Millet décortiqué	20 40	20 40
Ex Nº 76. — Sarrasin décortiqué	54 40	54 40
II. — *Projet de loi portant révision du Tarif général des douanes.*		
Ex Nº 123. — Pois décortiqués	25 »	25 »
Nº 127. — Millet décortiqué	13 »	13 »
Ex Nº 117. — Sarrasin décortiqué	30 »	30 »

III. — *Observations présentées par les fabricants de légumes secs décortiqués.*

Les nouveaux droits proposés pour les légumes secs (pois), tout en apportant une amélioration à la situation actuelle, mettent encore toujours le décortiqueur français dans une situation défavorable vis-à-vis du décortiqueur étranger, qui en effet peut vendre ses produits en France à un prix inférieur au prix de revient du produit français. Un droit de 50 francs sur les pois décortiqués est, dans ces conditions, un minimum indispensable, si on veut permettre au fabricant français de lutter contre la concurrence étrangère qui se fait de jour en jour plus importante.

En ce qui concerne le sarrasin et le millet décortiqués, le nouveau tarif, tout en augmentant les droits sur le produit brut, réduit ceux sur le produit travaillé, ce qui semble illogique. Le fabricant mosellan demande tout au moins le maintien des droits actuels en ce qui concerne le millet décortiqué et la fixation du droit pour le sarrasin décortiqué à 40 francs, si le droit actuel ne peut absolument pas être maintenu.

IV. — *Propositions de la Commission des Douanes de la Chambre des Députés.*		
(Rapport Nº 4990. Séance du 25 mars 1927.)		
Ex Nº 123. — Pois décortiqués	30 »	30 »
Nº 127. — Millet décortiqué	13 »	13 »
Ex Nº 117. — Sarrasin décortiqué	40 »	40 »

	Tarif autonome 100 kg.	Tarif contractuel 100 kg.
V. — *Tarif douanier allemand actuellement en vigueur.*		
(Droits convertis en francs français sur la base de 1 Mk = 6 fr.)		
Ex Nº 165 — Autres produits de la minoterie :		
Pois mûrs, pelés, cassés	112ᶠ50	24ᶠ »
Légumes secs autres	112 50	—

VI. — *Comparaison des futurs droits français avec les droits allemands actuels.*

Par suite des droits allemands trop élevés, appliqués aux produits français, le débouché allemand est complètement fermé. Le producteur mosellan demande l'octroi aux produits français du droit de 24 francs (4 Marks) accordé à la Belgique.

CONSERVES ALIMENTAIRES — (Légumes et fruits)

		Tarif général 100 kg	Tarif minimum 100 kg
I. — *Tarif douanier français actuel.*			
N° 95.	— Confitures au sucre	83ʳ 20(¹)	83ʳ 20(¹)
N° 158.	— Légumes conservés :		
	Tomates	268 80	67 20
	Légumes autres	108 80	27 20
Ex N° 93.	— Fruits confits au sucre	227 »	227 »

II. — *Projet de loi portant révision du Tarif général des douanes.*

Ex N° 131.	— Fruits de table ou autres, confits ou conservés : Conservés au naturel, à l'état entier ou non, dans un liquide sucré (fruits au sirop ou similaires) (2) :		
	ananas	200 »	100 »
	autres	150 »	75 »
	Conservés sans sucre ni sirop :		
	ananas	200 »	100 »
	non dénommés (3)	40 »	20 »
Ex N° 142.	— Fruits et produits végétaux, confits ou glacés au sucre : des pays étrangers (4)	Intégralité du droit de douane du sucre raffiné autre (84 fr. les 100 kg) plus : 50ʳ » 30ʳ » par 100 kg.	
Ex N° 144.	— Confitures, gelées, marmelades, compotes et pâtes, purées de fruits et produits analogues contenant du sucre (cristallisable ou non) ou du miel ayant 40 °/₀ ou moins d'humidité : des pays étrangers	Intégralité du droit de douane du sucre raffiné autre, plus 30ʳ » 20ʳ » par 100 kg.	
	ayant plus de 40 °/₀ d'humidité : des pays étrangers	Moitié du droit de douane du sucre raffiné autre, plus 30 » 20 » par 100 kg.	
N° 145.	— Compotes, pulpes de fruits, raisiné et produits analogues sans sucre (cristallisable ou autre) ni miel	30ʳ »	15ʳ »
Ex N° 247.	— Légumes salés ou confits	60 »	30 »
	Légumes conservés en boîtes ou en récipients hermétiquement clos :		
	Tomates assaisonnées ou non, renfermant :		
	jusqu'à 8 °/₀ d'extrait sec	104 »	52 »
	de 8 à 15 °/₀	130 »	65 »
	plus de 15 °/₀ d'extrait sec	194 »	97 »
	Autres légumes	100 »	50 »

III. — *Observations présentées par le producteur mosellan.*

Pour garantir à la production nationale une protection lui permettant de lutter contre la concurrence étrangère qui se fait déjà âprement sentir, il y aurait lieu de fixer les nouveaux droits de la façon suivante :

(1) Non compris les taxes de raffinage.
(2) Taxes de consommation et de raffinage du sucre en sus.
(3) Non compris, le cas échéant, la taxe intérieure, la surtaxe sur le vinaigre et la taxe intérieure sur le sel.
(4) Intégralité des taxes de consommation et de raffinage du sucre raffiné autre à percevoir par 100 kg de produits sucrés.

	Tarif général 100 kg	Tarif minimum 100 kg
Ex Nº 131. — Fruits de table ou autres :		
conservés au naturel dans un liquide sucré :		
ananas	400ᶠ »	200ᶠ »
autres fruits	300 »	150 »
conservés sans sucre ni sirop :		
ananas	200 »	100 »
non dénommés, *y compris les oreillons d'abricots*	100 »	50 »
Ex Nº 142. — Fruits et produits végétaux :		
confits ou glacés au sucre :		
des pays étrangers	Intégralité du droit de douane du sucre raffiné autre, plus 500 »	300 » par 100 kg.
Ex Nº 144. — Confitures, gelées, marmelades, etc. :		
ayant moins de 40 % d'humidité	Intégralité du droit de douane du sucre raffiné autre, plus 90 »	60 » par 100 kg.
Nº 145. — Compotes, pulpes de fruits, etc.	100 »	50 »
Ex Nº 247. — Légumes salés ou confits :		
Légumes conservés en boîtes ou en récipients hermétiquement clos, *ou en fûts :*		
Tomates assaisonnées ou non renfermant :		
jusqu'à 8 % d'extrait sec	104 »	52 »
de 8 à 15 % » »	130 »	65 »
de *15 à 25 %* » »	194 »	97 »
plus de 25 % » »	250 »	150 »
Autres légumes	100 »	75 »

Les droits fixés ci-dessus ont été calculés en tenant compte d'une part des prix auxquels la concurrence étrangère offre actuellement ses produits sur le marché national et d'autre part des droits de douane par lesquels les pays exportateurs de ces produits protègent leur propre industrie. Ils constituent le minimum de protection que peut supporter l'industrie française si on veut lui permettre de lutter contre la concurrence étrangère très puissante. D'autre part, quelques changements sont à apporter à la nomenclature des produits. La position Nº 131 est à compléter à son dernier alinéa par l'adjonction des mots « y compris les oreillons d'abricots », l'absence de cette précision pouvant donner lieu à de fausses interprétations dans le classement douanier. La spécification des confitures, etc., ayant plus de 40 % d'humidité est à supprimer, la vente de ce produit étant interdite en France. La disposition relative aux récipients pour les tomates du Nº 247 est d'autre part à compléter par les mots « ou en fûts », beaucoup d'importations de tomates italiennes se faisant en fûts, en vue d'une mise en boîtes hermétiques après leur entrée en France. Quant à la classification des tomates, la teneur d'extrait est à modifier, afin que les produits italiens (dits extraits de tomates) et contenant 25 à 35 % d'extrait sec soient frappés proportionnellement à leur nature.

IV. — *Propositions de la Commission des Douanes de la Chambre des Députés.*	Tarif général 100 kg	Tarif minimum 100 kg
(Rapport Nº 4220. — Séance du 25 mars 1927.)		
Ex Nº 131. — Fruits de table ou autres, confits ou conservés :		
Conservés au naturel, à l'état entier ou non, dans un liquide sucré (fruits au sirop ou similaires) :		
Ananas	200ᶠ »	100ᶠ »
Autres	170 »	85 »
Conservés sans sucre ni sirops :		
Ananas	200 »	100 »
non dénommés	60 »	30 »

	Tarif général 100 kg.	Tarif minimum 100 kg.
Ex Nº 142. — Fruits et produits végétaux, confits ou glacés au sucre : des pays étrangers	Intégralité du droit de douane sur le sucre raffiné autre (100 fr. les 100 kg) plus : 140ᶠ » par 100 kg.	70ᶠ »
Ex Nº 144. — Confitures, gelées, marmelades, compotes et pâtes, purées de fruits et produits analogues contenant du sucre (cristallisable ou non) ou du miel : a) Confitures, gelées, marmelades ayant 40 % au moins d'humidité : des pays étrangers	Intégralité du droit de douane du sucre raffiné autre, plus 40ᶠ » par 100 kg.	20ᶠ »
b) Compotes, pâtes, purées de fruits et produits analogues : ayant plus de 40 % d'humidité : des pays étrangers	Moitié du droit de douane du sucre raffiné autre, plus 40ᶠ » par 100 kg.	20ᶠ »
Nº 145. — Compotes, pulpes de fruits, raisiné et produits analogues sans sucre (cristallisable ou non) ni miel	50ᶠ »	25ᶠ »
Ex Nº 247. — Légumes salés ou confits	60 »	30 »
Conservés en boîtes ou en récipients hermétiquement clos ou en fûts : Tomates assaisonnées ou non, renfermant : jusqu'à 8 % d'extrait sec	104 »	52 »
de 8 à 15 %	130 »	65 »
de 15 % à 25 %	194 »	97 »
plus de 25 %	250 »	125 »
Autres légumes	100 »	50 »

V. — *Tarif douanier allemand actuellement en vigueur.* (Droits convertis en francs français sur la base de 1 Mk. = 6 fr.)	Tarif autonome 100 kg	Tarif contractuel 100 kg
Nº 35. — Champignons à l'eau salée ou ayant subi une autre préparation simple : en récipients hermétiquement fermés	600ᶠ »	360ᶠ »
en récipients autres	600 »	270 »
Ex Nº 202. — Fruits confits	840 »	--
Châtaignes, fruits, écorces de fruits du Midi, recouverts de sucre (candis glacés)	840 »	600 »
Ex Nº 213. — Marmelades et gelées végétales	360 »	360 »
Ex Nº 246. — Fruits de luxe pour la table	450 »	—
	900 »	
Fruits réduits par la cuisson, avec du sucre	900 »	480 »
Fruits du Midi finement préparés pour la table	900 »	420 »
Champignons finement préparés pour la table	900 »	360 »

VI. — *Comparaison des futurs droits français avec les droits allemands actuels.*

En comparant le tarif allemand et le tarif français, on arrive à la constatation que les droits allemands sont à peu près aussi élevés en marks que les droits français en francs. Dans ces conditions, il n'est pas besoin de dire que l'exportation des produits français vers l'Allemagne est absolument impossible, si des réductions très importantes des droits allemands ne sont pas obtenues.

BOIS DE MINES

I. — *Tarif douanier français actuel.*

		Tarif général	Tarif minimum
Ex N° 128. — Bois ronds, bruts, non équarris, avec ou sans écorce, de longueur quelconque et de circonférence, au gros bout, supérieure à 60 centimètres		4 f 42	1 f 10
N° 133. — Perches, étançons et échalas, bruts, de plus de 1 m. 10 de longueur et de circonférence atteignant au maximum 60 centimètres au gros bout		2 04	0 51

II. — *Projet de loi portant révision du Tarif général des douanes.*

N° 200. — Bois ronds, bruts, non équarris, avec ou sans écorce, de longueur quelconque et de circonférence, au gros bout, supérieure à 70 centimètres		2 55	0 85
N° 207. — Perches, poteaux, étançons et échalas, bruts, de 1 m. 10 de longueur et de circonférence atteignant au maximum 70 centimètres au gros bout		1 50	0 50

III. — *Observations présentées par les intéressés.*

S'il existe des raisons pour assujettir les bois, en général, à des droits différents, suivant leur grosseur, il ne semble qu'il y ait lieu de soumettre les **bois de mines** au même régime. En effet, les bois de mines, quel que soit leur diamètre, sont destinés au même emploi, c'est-à-dire à l'étaiement. D'autre part, les bois rentrant dans la catégorie des bois de mines, en raison de leur qualité inférieure, ne peuvent être utilisés pour faire des bois de sciage, pour lesquels les droits de douane sont très élevés.

Nous demandons donc que le bois de mines, quelle que soit sa grosseur, soit incorporé au N° 207 du Tarif des douanes, sous la désignation : **Bois pour les mines, destinés à l'étaiement.** Cette dénomination a d'ailleurs été adoptée par les Chemins de fer français, afin d'éviter que des bois, autres que les bois de mines, ne bénéficient des avantages accordés pour le transport des bois de mines.

La production des bois de mines, en France, étant déficitaire, une pareille modification du Tarif des douanes faciliterait les importations de bois de mines, ce qui, entre autres, contribuerait à diminuer le déboisement prématuré de nos forêts nationales.

IV. — *Propositions de la Commission des Douanes de la Chambre des Députés.*

(Rapport N° 4220. — Séance du 25 mars 1927.)

La Commission des Douanes a adopté intégralement le régime prévu au projet de loi.

VINS ET MOUTS

I. — *Tarif douanier français actuel.*

	Tarif général	Tarif minimum
	Hl. de liquide	

N° 171. — Vins provenant exclusivement de la fermentation de raisins
frais :

de 12 degrés et au-dessous .... 127ᶠ 92 (¹) 31ᶠ 98 (¹)
de 12 degrés 1 et au-dessus .... 127 92 (¹) 31 98 (¹)

par hl. de liquide pour les 12 premiers degrés et payement
par chaque degré ou fraction de degré en sus d'une taxe
de douane égale au montant du droit de consommation de
l'alcool.

II. — *Projet de loi portant révision du Tarif général des douanes.*

N° 267. — Vins (autres que les vins de liqueurs et assimilés) provenant exclusivement de la fermentation des raisins frais ou
du jus de raisins frais, importés autrement qu'en bouteilles,
flacons, cruchons et contenants analogues et titrant en alcool
acquis :

jusqu'à 12 degrés (1) .... 135 »   45 »
plus de 12 degrés (2) .... Droits ci-dessus par
hl. de liquide pour
les 12 premiers de-
grés et payement
par chaque degré
ou fraction de degré
en plus, d'une taxe
de douane égale au
montant du droit de
consommation de
l'alcool.

N° 268. — Moûts de vendange et jus de raisins frais non fermentés ou
partiellement fermentés, mutés autrement qu'à l'alcool ou
non mutés, même pasteurisés, importés autrement qu'en
bouteilles, flacons, cruches et contenants analogues (1), (3), (4). 150ᶠ »   50ᶠ »
jusqu'à 12° d'alcool
en puissance ou d'al-
cool acquis et en
puissance pour les
moûts partiellement
fermentés, plus 4 fr.
par degré et par hl
sur l'alcool en puis-
sance excédant 12
degrés.

	100 kg brut	

Ex N° 270. — Vins, moûts et jus de raisins frais, en bouteilles, flacons,
cruchons et contenants analogues :

Moûts et jus non fermentés ou partiellement fermentés (1). 300ᶠ »   100ᶠ »
Autres (sauf les vins mousseux)....................... 375 »   125 »

---

(1) Non compris les taxes intérieures.
(2) Pour les vins titrant de 12 à 15 degrés, chaque dixième de degré paye une taxe de douane égale au dixième du droit de consommation de l'alcool.
    Pour les vins titrant plus de 15 degrés, toute fraction de degré entraine la perception du droit afférent au degré supérieur. Lorsque l'écart entre la déclaration et le résultat de l'analyse n'est pas supérieur à 5 dixièmes de degrés, il n'est donné aucune suite contentieuse, les droits demeurant dus sur la totalité des degrés et fractions constatés.
(3) Pour la conversion en alcool du sucre reconnu, on compte un degré d'alcool en puissance pour 18 gr. de sucre par litre.
(4) Le jus de raisins frais partiellement fermentés ne titrant pas 6 degrés d'alcool acquis est considéré comme moût.

III. — *Observations présentées par les intéressés.*

Les droits prévus par le projet de loi constituent un maximum qui ne devrait à aucun prix être dépassé. La nomenclature des différentes positions du nouveau tarif en ce qui concerne les vins appelle, toutefois, l'observation suivante : Le désir général exprimé par le commerce est que le degré-limite de 12 degrés pour l'application du tarif (N° 267 du projet) soit élevé à 15 degrés. Les vins de 12 à 15 degrés étant peu communs en France, il n'en saurait résulter aucune influence sur les cours généraux du vin et leur importation ne saurait en aucun cas concurrencer la viticulture méridionale. Par contre, les contrées viticoles produisant des vins à faible degré y trouveraient à meilleur compte les vins médecins qui leur sont utiles.

IV. — *Propositions de la Commission des Douanes de la Chambre des Députés.*

(Rapport N° 4220. — Séance du 15 mars 1927.)

	Tarif général	Tarif minimum
		Hl. de liquide

N° 267. — Vins (autres que les vins de liqueur et assimilés) provenant exclusivement de la fermentation des raisins frais ou du jus de raisins frais, importés autrement qu'en bouteilles, flacons, cruchons et contenants analogues et titrant en alcool acquis :

Jusqu'à 12 degrés..
Plus de 12 degrés..

165ᶠ » 55ᶠ »

Droits ci-dessus par hectolitre de liquide pour les 12 premiers degrés et payement par chaque degré ou fraction de degré en sus, d'une taxe de douane égale au montant du droit de consommation de l'alcool.

N° 268. — Moûts de vendange et jus de raisins frais, non fermentés ou partiellement fermentés, mutés autrement qu'à l'alcool ou non mutés, même pasteurisés, importés autrement qu'en bouteilles, flacons, cruchons et contenants analogues............

180ᶠ » 60ᶠ »

Jusqu'à 12 degrés d'alcool en puissance pour les moûts partiellement fermentés, plus 4 fr. par degré et par hectolitre sur l'alcool en puissance excédant 12 degrés.

	Tarif général	Tarif minimum
		100 kg brut

Ex N° 270. — Vins, moûts et jus de raisins frais, en bouteilles, flacons, cruchons et contenants analogues :

	Tarif général		Tarif minimum	
Moûts et jus non fermentés ou partiellement fermentés..	300ᶠ	»	100ᶠ	»
Autres, y compris les mistelles et vins mutés à l'alcool..	420	»	140	»

V. — *Tarif douanier allemand actuellement en vigueur.*

(Droits convertis en francs français sur la base de 1 Mk. = 6 fr.)

	Tarif autonome		Tarif contractuel	
			100 kg.	

N° 180. — Vins et moûts frais de raisins même stérilisés :
en récipients de 50 litres et plus d'une richesse alcoolique ; moûts frais :

	Tarif autonome		Tarif contractuel	
rouge..	480ᶠ	»	192ᶠ	»
blanc..	480	»	270	»
vins de Porto et de Madère	480	»	192	»

	Total autonome 100 kg.		Total contractuel	
d'une richesse alcoolique renforcée :				
vins dont la teneur en alcool éthylique, sans être inférieure à 140 gr., n'est pas supérieure à 180 gr. par litre :				
vins de Marsala	540f	»	192f	»
autres vins	540	»	192	»
vins de Porto et de Madère dont la teneur en alcool éthylique n'excède pas 200 gr. par litre	540	»	192	»
vins autres	540	»	—	»
en récipients autres :				
d'une richesse alcoolique naturelle ; moûts frais :				
vins de Porto et de Madère	720	»	330	»
vins autres	720	»	—	»
d'une richesse alcoolique renforcée :				
vins dont la teneur en alcool éthylique, sans être inférieure à 140 gr., n'est pas supérieure à 180 gr. par litre :				
vins de Marsala	780	»	330	»
autres vins	780	»	330	»
vins de Porto et de Madère dont la teneur en alcool éthylique n'excède pas 200 gr. par litre	780	»	330	»
vins autres	780	»	—	»
vin destiné à la fabrication de vins mousseux sous la surveillance de la douane	120	»	—	»

VI. — *Comparaison des futurs droits français avec les droits allemands actuels.*

Il serait absolument nécessaire de demander aux Allemands la réduction de leur tarif sur les vins en bouteille au même taux que sur les vins en fûts. Leur tarif actuel empêche toute importation de vin en bouteille, l'augmentation par bouteille étant de 260 % sur la douane correspondante du vin français mis en bouteille en Allemagne. Le dédouanement se faisant en Allemagne sur le poids brut, l'application d'un tarif unique ferait encore payer spécifiquement aux vins en bouteilles un tarif double de celui des vins en fûts.

Le Gouvernement défendrait de cette façon du même coup les intérêts des fabricants français de bouteilles, caisses, paillons, bouchons, étiquettes et capsules.

VIN TONIQUE — VIN DE VERMOUTH

I. — *Tarif douanier français actuel.*

Tarif général - Tarif minimum

N° 171 bis. — Vins de liqueur, vermouth et mistelles provenant de raisins frais ....

Hl. de liquide
127f 92 (1) 31f 98 (1)
plus 5f 10 plus 1,70
par degré et par hectolitre sur l'alcool représenté par le sucre réducteur ou autre reconnu à l'analyse.

II. — *Projet de loi portant révision du Tarif général des douanes.*

Tarif général - Tarif minimum

N° 269. — Vins de liqueur, mistelles ou vins mutés à l'alcool et vermouth provenant de raisins frais ou de jus de raisins, importés autrement qu'en bouteilles, cruchons et contenants analogues (2), (3), (4), (5), (6) ....

Hl. de liquide
135f » 45f »
quel que soit le nombre de degrés jusqu'à 12 degrés d'alcool acquis et paiement en sus :

a) Pour chaque degré ou fraction de degré d'alcool acquis au-dessus de 12 degrés d'une taxe de douane égale au montant du droit de consommation de l'alcool,

b) d'une taxe de 4 fr. par degré et hectolitre sur l'alcool en puissance

N° 270. — Vins, moûts et jus de raisins frais, en bouteilles, flacons, cruchons et contenants analogues :
mistelles et vins mutés à l'alcool (2), (3) ....

100 kg. brut
375f » 125f »

III. — *Observations présentées par les intéressés.*

Le producteur mosellan ne présente pas d'observations au sujet de la protection qu'accorde à ses produits le nouveau tarif. Nous en concluons que les nouveaux droits lui donnent satisfaction.

---

(1) Non compris les taxes intérieures et la surtaxe de compensation de l'alcool.
(2) Non compris les taxes intérieures.
(3) Non compris la surtaxe de compensation sur l'alcool, à percevoir sur la force acquise et en puissance, sous déduction de 12 degrés.
(4) Pour les vins titrant de 12 à 15 degrés, chaque dixième de degré paye une taxe de douane égale au dixième du droit de consommation de l'alcool. Pour les vins titrant plus de 15 degrés, toute fraction de degré entraine la perception du droit afférent au degré supérieur. Lorsque l'écart entre la déclaration et le résultat de l'analyse n'est pas supérieur à 5 dixièmes de degré, il n'est donné aucune suite contentieuse, les droits demeurant dus sur la totalité des degrés et fractions constatés.
(5) Sont considérés comme vins de liqueur, les vins qui contiennent du sucre qu'elle qu'en soit la proportion, ainsi que les vins de liqueur dits secs, tels que Xérès, Madère, etc. Il est admis une tolérance de 18 grammes par litre au maximum pour les vins tarifés sous le N° 007.
(6) Pour la conversion en alcool du sucre reconnu, on compte un degré d'alcool en puissance pour 18 grammes de sucre par litre.

IV. — *Propositions de la Commission des Douanes de la Chambre des Députés.*

(Rapport N° 4220. — Séance du 25 mars 1927.)

La Commission des Douanes a maintenu dans leur intégralité les droits de douane prévus par le projet de loi portant révision du Tarif général des douanes.

	Tarif autonome 100 kg	Tarif contractuel 100 kg
V. — *Tarif douanier allemand actuellement en vigueur.* (Droits convertis en francs français sur la base de 1 M = 6 fr.)		
N° 182. — Vin de vermouth dont la teneur en alcool éthylique n'excède pas 180 gr. et la teneur en extrait de sucre libre est de 18 gr. au moins par litre :		
en récipients d'une capacité de 15 litres et plus........	360ᶠ »	150ᶠ »
en récipients autres............................	480 »	210 »
Vins additionnés de substances médicinales et boissons similaires à base de vin, même additionnés d'épices et de sucre, autres que les vins de vermouth désignés ci-dessus :		
en récipients d'une capacité de 15 litres et plus........	360 »	—
en récipients autres	480 »	—
Dans les droits ci-dessus ne sont pas comprises les taxes intérieures.		

VI. — *Comparaison des futurs droits français avec les droits allemands actuels.*

Avec les droits allemands du tarif autonome, il est impossible d'exporter. Le producteur mosellan demande, par conséquent, le droit de la nation la plus favorisée.

VINS MOUSSEUX

I. — *Tarif douanier français actuel.*

Tarif général — Tarif minimum — Hl. de liquide

N° 171. — Vins provenant exclusivement de la fermentation de raisins frais :

de 12 degrés et au-dessous .... 127ᶠ 92 (¹) 31ᶠ 98 (¹)

de 12 degrés 1 et au-dessus .... 127 92 (¹) 31 98 (¹) par hl. de liquide pour les 12 premiers degrés et payement par chaque degré ou fraction de dégré en sus d'une taxe de douane égale au montant du droit de consommation de l'alcool.

II. — *Projet de loi portant révision du Tarif général des douanes.*

Tarif général — Tarif minimum — 100 kg brut

Ex N° 278. — Vins, moûts et jus de raisins frais, en bouteilles, flacons, cruchons et contenants analogues :

vins mousseux .... 337ᶠ 50 (¹) 112ᶠ 50 (¹)

III. — *Observations présentées par les intéressés.*

Par mesure de réciprocité, les droits de douane français ne devraient pas être inférieurs au tarif allemand. Une augmentation de ces droits s'impose donc, si une réduction sensible des droits allemands ne peut être obtenue.

IV. — *Propositions de la Commission des Douanes de la Chambre des Députés.*

(Rapport N° 4220. — Séance du 25 mars 1927.)

Les droits prévus par le projet de loi portant révision du Tarif général des douanes ont été intégralement maintenus par la Commission des Douanes.

V. — *Tarif douanier allemand actuellement en vigueur.*

(Droits convertis en francs français sur la base de 1 M = 6 fr.)

Tarif autonome 100 kg — Tarif contractuel 100 kg

N° 184. — Vins mousseux .... 1800ᶠ » 1200ᶠ »

VI. — *Comparaison des futurs droits français avec les droits allemands actuels.*

Les droits du tarif allemand, même contractuels, sont absolument prohibitifs. Si on compare le prix de vente des vins mousseux allemands en Allemagne à ceux des vins mosellans exportés vers ce pays, compte tenu de tous les frais accessoires, on arrive à la constatation suivante :

la bouteille

Vins mousseux allemands. 21ᶠ 50

»   »   français (tarif autonome) .... 47 »

»   »   »   (tarif contractuel) 33 60

Il est évident qu'avec une protection semblable, les quelques fabriques de mousseux allemands sont à l'abri de toute concurrence au détriment du producteur mosellan qui exportait autrefois une grande partie de sa production vers l'Allemagne. Il y aurait lieu, par conséquent, de demander une réduction sensible du droit contractuel allemand et d'établir également un droit différent pour les vins mousseux simples et les vins de Champagne, ces derniers pouvant, en raison de leur valeur, supporter un droit plus élevé.

---

(1) Non compris les taxes intérieures.

EAUX-DE-VIE

I. — *Tarif douanier français actuel.*

	Tarif général	Tarif minimum
	Hl. de liquide	
Ex N° 174. — Eaux-de-vie en bouteilles	765ʳ (¹)	540ʳ (¹)
	Hl. d'alcool pur	
Eaux-de-vie autrement qu'en bouteilles	765ʳ (¹)	510ʳ (¹)
	Hl. de liquide	
Ex 174 bis. — Liqueurs	901ʳ (¹)	578ʳ (¹)

II. — *Projet de loi portant révision du Tarif général des douanes.*

N° 278. —   Boissons distillées :
Alcools :
Eaux-de-vie :

	Tarif général		Tarif minimum
de mélasse, de canne (rhums et tafias) :	Hl. de liquide		
en bouteilles, cruchons ou contenants analogues	1650ʳ	»	550ʳ »
	Hl. d'alcool pur		
autrement logés	1650ʳ	»	550ʳ »
de vin, de cidre, de prunes, kirsch, etc., en bouteilles, cruchons ou contenants analogues	Hl. de liquide 1650ʳ	»	550ʳ »
	Hl. d'alcool pur		
autrement logés	1650ʳ	»	550ʳ »
autres (alcools proprement dits ou esprits) :			
importés pour le compte de l'Etat	100	»	100 »
importés pour tout autre compte	1650	»	550 »
	Hl. de liquide		
N° 279. — Liqueurs	1800ʳ	»	600ʳ »

Les taxes intérieures ne sont pas comprises dans les droits ci-dessus.

III. — *Observations présentées par les intéressés.*

Le producteur mosellan n'ayant pas présenté d'observations au sujet des nouveaux droits proposés, nous en concluons que ceux-ci lui assurent une protection suffisante.

IV. — *Propositions de la Commission des Douanes de la Chambre des Députés.*
(Rapport N° 4220 — Séance du 25 mars 1927.)

La Commission des Douanes n'a pas apporté de modifications aux droits prévus par le projet de loi portant révision du Tarif général des Douanes.

V. — *Tarif douanier allemand actuellement en vigueur.*	Tarif autonome	Tarif contractuel
(Droits convertis en francs français sur la base de 1 M = 6 fr.)		
N° 178. — Alcools : en récipients d'une capacité de 15 litres ou plus .	7200ʳ	—
Rhum d'un degré d'alcool ne dépassant pas 76° en poids ..	2100 »	2100ʳ »
Cognac accompagné d'une copie de l'acquit régional spécial de l'administration de la régie française contenant : 36° d'alcool en poids au maximum	6000 »	2250 »
de plus de 36° à 52° en poids	6000 »	3150 »

(1) Non compris les taxes intérieures et la surtaxe de compensation sur l'alcool.

	Tarif autonome	Tarif contractuel
Eaux-de-vie de vins de cognac, accompagnées d'une copie de l'acquit régional spécial de l'administration de la régie française contenant de 58° à 75° d'alcool en poids au maximum	6000ᶠ »	4200ᶠ »
Autres eaux-de-vie de vin contenant 57° d'alcool en poids au maximum	6000 »	4200 »
Eaux-de-vie de fruits à l'exception de l'eau-de-vie de raisins et de moût de vendange contenant 44° en poids d'alcool au minimum	6000 »	3000 »
Alcool de marasca	6000 »	3000 »
Eaux-de-vie autres	6000 »	—
En récipients autres :		
Cognac accompagné d'une copie de l'acquit régional spécial de l'administration de la régie française contenant 36° d'alcool en poids au maximum	7200 »	3450 »
Eaux-de-vie de fruits, à l'exception de l'eau-de-vie dé raisins et de moût de vendange contenant 44° d'alcool en poids au maximum	7200 »	3000 »
Liqueur de marachino, de Zara, en bouteilles d'origine d'une capacité ne dépassant pas un litre	7200 »	3600 »
Alcool de marasca	7200 »	3000 »
Eaux-de-vie autres	7200 »	—

Les droits ci-dessus ne comprennent pas le « Monopolausgleich » qui est également perçu.

VI. — *Comparaison des futurs droits français avec les droits allemands actuels.*

Les tarifs allemands sur les spiritueux sont très élevés, surtout si on y ajoute le « Monopolausgleich ». Une réduction de ces droits serait vivement à désirer.

MEULES

	Tarif général 100 kg	Tarif minimum 100 kg
I. — *Tarif douanier français actuel.*		
N° 178. — Meules...	exemptes	exemptes

II. — *Projet de loi portant révision du Tarif général des douanes.*

Ex N° 291. — Meules (1) :

A aiguiser, même avec frettes métalliques :

En pierre ou en autre minerai naturel (basalte, grès, etc.) :

brutes ou simplement ébauchées	exemptes	exemptes
travaillées ou préparées	exemptes	exemptes

A moudre, même avec frettes métalliques :

En pierre ou autre minerai naturel :

brutes ou simplement ébauchées	exemptes	exemptes
travaillées ou préparées...............................	exemptes	exemptes

III. — *Observations présentées par les intéressés.*

Il n'y a aucune raison de laisser entrer librement les meules allemandes en France, alors que par suite des, droits de douane prohibitifs toute exportation vers ce pays est rendue impossible et que, d'autre part, le chiffre de vente du fabricant français est en forte diminution. Il y a lieu, par conséquent, d'appliquer à l'entrée en France les mêmes droits que ceux perçus par la douane allemande, si celle-ci ne consent pas à leur suppression.

IV. — *Propositions de la Commission des Douanes de la Chambre des Députés.*
(Rapport N° 4220 — Séance du 25 mars 1927.)

Ex N° 291. — Meules :

A aiguiser, même avec frettes métalliques :

En pierre ou en autre minerai naturel (basalte, grès, etc.) :

brutes	exemptes	exemptes
travaillées ou préparées	15f »	5f »

A moudre, même avec frettes métalliques :

En pierre ou en autre minerai naturel :

brutes	exemptes	exemptes
travaillées ou préparées...............................	exemptes	exemptes

V. — *Tarif douanier allemand actuellement en vigueur.* (Droits convertis en francs français sur la base de 1 Mk = 6 fr.)	Tarif autonome 100 kg	Tarif contractuel 100 kg
N° 693. — Meules, mêmes combinées avec des cercles de fer ou des douilles métalliques.....................................	2f 40	—

VI. — *Comparaison des futurs droits français avec les droits allemands actuels.*

Par suite des droits de douane trop élevés, les fabricants mosellans ont dû rompre toutes leurs relations avec l'Allemagne, qui était autrefois leur principal débouché et, dans ces conditions, ils souhaitent vivement la suppression des droits d'entrée allemands. Ce ne serait que justice, les meules allemandes bénéficiant dans le projet de loi, déposé par le gouvernement, de l'exemption des droits à l'entrée en France.

---

(1) La monture suit le régime qui lui est propre.

CRÉATION DE DROITS DE DOUANE SUR LES DOLOMIES

I. — *Exposé de la question.*

Le projet du nouveau tarif douanier, qui va être examiné par le Parlement, ainsi que le Rapport n° 4220 de la Commission des Douanes de la Chambre des Députés prévoient au N° 300 du tarif les dispositions suivantes qui frapperont la dolomie naturelle sous ses diverses formes :

DÉSIGNATION DES MARCHANDISES	UNITÉS DE PERCEPTION	DROITS	
		TARIF GÉNÉRAL	TARIF MINIMUM
Dolomie naturelle :			
Crue	100 kg	Exempte	Exempte
Frittée, roche tout-venant	—	6,— fr.	2,— fr.
Frittée, broyée	—	9,— fr.	3,— fr.
Frittée et associée au goudron de houille (pisé-dolomie)...........	—	12,— fr.	4,— fr.

Les quatre usines métallurgiques de la Moselle, qui comprennent quatre aciéries, consomment annuellement près de 40.000 tonnes de dolomie frittée. Cette dolomie est importée en presque totalité de Belgique et en petite partie du Luxembourg. Les dolomies françaises de diverses provenances ne peuvent être utilisées pour le garnissage des convertisseurs Thomas et des fours Martin, en raison de leur qualité inférieure, ou plus exactement de leur composition chimique qui les rend moins propres à cet usage que les dolomies belges ou luxembourgeoises. Les nouveaux taux prévus au tarif douanier ne sauraient donc constituer pour les dolomies françaises un tarif de protection, puisque les usines métallurgiques se verront, comme par le passé, obligées de recourir aux seules dolomies étrangères. Les usines verront, par contre, leurs frais généraux frappés lourdement par le nouveau tarif, puisque les droits de douane envisagés sur les deux sortes qui sont communément consommées, c'est-à-dire la dolomie frittée et la dolomie frittée et broyée, représenteront respectivement environ 12 % et 16 % de la valeur du produit rendu usine, ce pourcentage étant établi en tenant compte de ce que les dolomies belges et luxembourgeoises bénéficieront du tarif minimum.

Il est à remarquer que l'exemption des droits de douane, qui jusqu'à maintenant a été complète sur les différentes formes de dolomies, ne subsistera plus qu'en ce qui concerne la dolomie crue. Il semble donc qu'on veuille par là amener les usagers à employer la dolomie crue de préférence aux dolomies frittées, broyées ou associées au goudron de houille et à procéder en France aux opérations de frittage et broyage et autres opérations de préparation. Cet avantage accordé à la dolomie crue est pratiquement illusoire, car l'opération du frittage donne un rendement de 50 % seulement, ce qui, en raison des frais très élevés de transport de la matière première, interdit le frittage de la dolomie crue à pied d'œuvre et nécessite l'approvisionnement en dolomie frittée.

Les usines métallurgiques de la Moselle, et spécialement les anciennes usines allemandes séquestrées et liquidées, ont eu dans ces dernières années à faire face à de graves difficultés, et, aujourd'hui encore, concentrent tous leurs efforts pour surmonter la crise issue de la situation économique. Il convient de ne pas perdre de vue que la possibilité d'exporter constitue pour elles une nécessité vitale. Elles soutiennent péniblement la concurrence sur le marché mondial, en raison de la revalorisation de la monnaie, survenue après la hausse des salaires et celle des transports, et elles risqueraient d'être contraintes d'abandonner la lutte si les divers éléments du prix de revient des produits fabriqués n'arrivaient pas à être abaissés. Or, le prix de la dolomie est un de ces éléments non négligeables, et une élévation brusque à 12 ou 16 % sur ce prix viendrait grever lourdement la fabrication de l'acier.

II. — *Vœu.*

La Chambre de Commerce de Metz,

Considérant que le prix de la dolomie sous les formes « frittée » ou « frittée et broyée », présente pour les aciéries un grand intérêt, que les aciéries sont dans la nécessité d'utiliser exclusivement des dolomies étrangères, en raison de leur composition mieux appropriée,

que les dolomies, jusqu'à présent exemptes de droits de douane, seraient soumises, d'après le nouveau tarif douanier à l'étude, à des droits très élevés, qui en augmenteraient sensiblement le prix de revient et par suite le prix de revient des aciers,

qu'il importe de ne pas ajouter aux difficultés économiques actuelles des aciéries par une augmentation de leurs charges,

qu'il est de toute nécessité qu'elles restent en mesure d'exporter une grande partie de leur fabrication, qui ne peut être absorbée sur le marché intérieur,

que les droits de douane qui seraient institués sur la dolomie entraîneraient une aggravation de leur situation actuelle, déjà défavorable, sur le marché mondial,

Emet le vœu :

Que la dolomie, sous toutes ses formes, continue à être exempte de droits de douane.

TUILES

	Tarif général 100 kg.	Tarif minimum 100 kg.
I. — *Tarif douanier français actuel.*		
No 181. — Briques pleines de toutes formes et dimensions communes.	1f 02	0f 25
No 181 bis — Briques pleines de toutes formes et dimensions, fines, pressées ou rebattues, briques creuses	2 72	0 68
No 181 ter — Tuiles ordinaires non pressées et sans emboîtement	2 72	0 68
No 181 quater — Tuiles mécaniques ou à emboîtement et accessoires de couvertures	5 44	1 36
No 185 bis — Tuyaux et objets moulés en ciment	6 80	1 70
II. — *Projet de loi portant révision du Tarif général des douanes.*		
Briques, tuiles et poteries élémentaires de bâtiment :		
No 308. — Briques pleines communes	1 35	0 45
No 309. — Briques pleines de toutes formes et dimensions, mécaniques, fines, pressées ou rebattues. Briques creuses communes ou autres	4 05	1 35
No 310. — Briques silico-calcaires	4 05	1 35
No 311. — Tuiles :		
ordinaires, non pressées et sans emboîtement	6 »	2 00
mécaniques ou à emboîtement et accessoires de couverture.	6 30	2 10
No 312. — Poterie commune de bâtiment, sans ornementation, telle que tuyaux de descente, boisseaux, wagons, mitres et mitrons	6 30	2 10
No 320. — Tuyaux et objets moulés, en ciment, béton, mortier ou autres agglomérés à base de ciment ou de chaux (1) :		
non armés	15 »	5 00
armés	22 50	7 50
No 321. — Carreaux en agglomérés de ciment ou de chaux :		
unicolores	27 »	9 »
multicolores	36 »	12 «
mosaïque	45 »	15 »

III. — *Observations présentées par le producteur mosellan.*

Les droits proposés pour les briques et tuiles ne sont pas suffisamment protecteurs et il y aurait lieu de les augmenter sensiblement. En ce qui concerne les ouvrages en ciment, les nouveaux droits n'appellent aucune observation.

IV. — *Propositions de la Commission des Douanes de la Chambre des Députés.*
(Rapport No 1220. — Séance du 25 mars 1927.)

La Commission des Douanes a maintenu intégralement les taux prévus par le projet de loi portant révision du Tarif général des douanes.

V. — *Tarif douanier allemand actuellement en vigueur.* (Droits convertis en francs français sur la base de 1 Mk = 6 fr.)	Tarif autonome 100 kg.	Tarif contractuel 100 kg.
No 713. — Briques creuses, briques trouées	1f 20	1f 20
No 714. — Briques autres :		
briques rugueuses	0 60	0 60
briques lisses	0 60	—

(1) Les objets de l'espèce en statues, bustes, animaux, bas-reliefs, etc., sont taxés comme pierres sculptées.

	Tarif autonome 100 kg	Tarif contractuel 100 kg
N° 715. — Briques en terre à briques, se colorant au feu, vernissées.	1ᶠ »	—
N° 717. — Tuiles en terre cuite ou non, non vernissées :		
tuiles ordinaires et tuiles creuses........................	0 90	—
pannes (tuiles flamandes) et tuiles à emboîtement	3 »	—
N° 719. — Tuyaux en terre, vernissés ou non :		
tuyaux de drainage............................	exempts	—
autres pièces en forme de tuyaux.....................	6ᶠ »	—
N° 698. — Ouvrages en ciment ou en pierres recouvertes de ciment, même creux ou perforés :		
unicolores, ni polis, ni peints, ni moulurés, ni ornementés.	12 »	—
Pavés et ciment de laitier...........................	12 »	0 90

VI. — *Comparaison des futurs droits français avec les droits allemands actuels.*

Les droits allemands sont absolument prohibitifs et il ne peut être question d'exporter en Allemagne, bien qu'avant la guerre les tuileries de la Moselle écoulaient une grande partie de leur production dans ce pays. L'industrie mosellane insiste pour l'obtention d'une réduction sensible des droits allemands.

CIMENT

I. — *Tarif douanier français actuel.*

		Tarif général	Tarif minimum
		100 kg.	
Nº 185.	— Ciment :		
	à prise rapide	2ᶠ 72	0ᶠ 68
	à prise lente	4 08	1 02

II. — *Projet de loi portant révision du Tarif général des douanes.*

Nº 319.	— Ciment :		
	à prise rapide	5 10	1 70
	à prise lente :		
	ciment alumineux	10 50	3 50
	autre	9 »	3 »

III. — *Observations présentées par le producteur mosellan.*

La comparaison des prix de vente des ciments étrangers dans leur pays d'origine et des prix auxquels ils sont offerts dans la région montre de façon évidente que les fabricants allemands et suisses pratiquent, à l'abri de leur tarif douanier, la politique dite du « dumping ».

En effet, le prix de vente des ciments allemands en Allemagne est compris entre 45 et 50 Marks-or la tonne. Ces mêmes ciments sont offerts dédouanés franco toute station Sarre au prix de 37 Marks-or. En tenant compte des droits de douane et frais accessoires, on arrive à constater que le prix des ciments allemands vendus en Sarre est inférieur à 33 Marks-or. Il résulte donc que le prix de vente des ciments allemands en Allemagne est d'au moins 50 % plus élevé que celui pour les mêmes ciments vendus en France et que, pour rétablir l'équilibre nécessaire à la protection de l'industrie française, un droit de douane égal à cette différence semblerait justifié. On arrive d'autre part aux mêmes constatations en comparant le prix de vente des ciments suisses dans leur pays d'origine avec celui pratiqué en France pour ces mêmes ciments, ce qui est rendu possible par un droit de douane de 20 francs-or perçu sur les ciments étrangers à leur entrée en Suisse.

D'ailleurs, il n'y a aucune raison pour que la France protège moins ses cimenteries que les pays concurrents et par mesure de réciprocité les droits français doivent être relevés au même taux que les tarifs étrangers.

IV. — *Propositions de la Commission des Douanes de la Chambre des Députés.*
(Rapport Nº 4.220. — Séance du 25 mars 1927.)

Les taux prévus au projet de loi ont été intégralement maintenus par la Commission des Douanes.

V. — *Tarif douanier allemand actuellement en vigueur.*	Tarif autonome	Tarif contractuel
(Droits convertis en francs français sur la base de 1 Mk. = 6 fr.)	100 kg.	
Nº 230. — Ciment de Portland, ciment romain, etc.	9ᶠ »	6ᶠ »

VI. — *Comparaison des futurs droits français avec les droits allemands actuels.*

Des observations faites sous III, il résulte que par suite des droits de douane allemands trop élevés, l'exportation est rendue imposible et que si on veut ouvrir à nouveau aux ciments mosellans leur débouché principal, il y a lieu d'obtenir de l'Allemagne une réduction de ses droits de douane.

PRODUITS MÉTALLURGIQUES EN GÉNÉRAL

Les droits applicables aux produits métallurgiques n'ont pas varié de 1892 à 1914 et l'on peut admettre qu'ils avaient été choisis judicieusement, si l'on considère les progrès accomplis par l'industrie métallurgique française pendant cette période.

Depuis 1919, la crise monétaire n'a permis de prendre que des mesures douanières de circonstance, en l'espèce d'établir soit des coefficients de majoration particuliers à la métallurgie, soit des majorations d'ensemble.

La situation créée à l'industrie française, et en particulier à la métallurgie, par les clauses du Traité de Versailles, devait amener une refonte du tarif douanier. La grosse métallurgie française, et spécialement celle de la Moselle, est intéressée à un haut degré à la détermination convenable des nouveaux droits plus ou moins protecteurs, qui seront appliqués aux produits de ses fabrications.

En effet, la situation actuelle de la métallurgie est connue. Pour une production sensiblement doublée par le retour de la Lorraine à la France, par l'entrée du territoire de la Sarre dans le régime douanier français et par le développement des usines pendant la guerre, la capacité de consommation du marché intérieur français est restée sensiblement identique à ce qu'elle était avant 1914. D'autre part, les possibilités d'exportation, qui pourtant devraient porter au moins sur une moitié de la production totale actuelle, se trouvent singulièrement amoindries du fait des charges supportées par la métallurgie française, nettement défavorisée par rapport aux industries étrangères concurrentes.

Ainsi le *coke*, dont les hauts fourneaux consomment en moyenne 1 t. 200 pour chaque tonne de fonte à produire, vaut actuellement en France sept fois plus qu'avant la guerre, soit 200 à 210 fr. la tonne, alors qu'il n'est payé :

en Allemagne que 96 fr.
en Belgique   »   154 »
en Angleterre »   140 »

Le minerai de fer est, certes, abondant dans le sous-sol français, mais les frais d'extraction se trouvent grevés des lourdes charges qu'entraîne, pour les exploitants, l'obligation de remédier à la pénurie de main-d'œuvre en important des ouvriers étrangers et la très forte augmentation de la redevance proportionnelle des mines, qui atteint plus du quart du produit net de l'exploitation,

Les **impôts**, déjà plus lourds dans les départements de l'intérieur de la France que dans les pays étrangers concurrents, se trouvent encore exagérés en Alsace et en Lorraine par le maintien d'une partie de la législation fiscale allemande, notamment pour les charges départementales et communales.

Enfin, les **tarifs de transport** ont été relevés dans des proportions considérables et les coefficients de majoration actuellement en vigueur varient de 6 à 10. C'est dire que la métallurgie est, là encore, durement touchée, puisque les matières qui l'intéressent, soit comme matières premières, soit comme produits fabriqués, sont essentiellement pondéreuses et que, pour la Moselle, les produits livrés à l'exportation doivent parcourir des distances considérables vers les ports d'embarquement.

Les conditions dans lesquelles la métallurgie de la Moselle doit aborder les marchés extérieurs, pour plus de la moitié de sa production, étant donc peu favorables, il est indispensable qu'elle soit pour le moins assurée, par une protection douanière appropriée, d'un marché intérieur stable et régulier.

Les droits prévus au nouveau tarif douanier peuvent en définitive être considérés extrêmement modérés et comme constituant un minimum de protection. Certains articles sont même insuffisamment protégés. Il est, au surplus, à remarquer que ces droits correspondent, pour plus de 90 °/₀ de la production, à un coefficient inférieur à 4 par rapport aux droits d'avant guerre, alors que la dépréciation de la monnaie a atteint le coefficient 5 et que les indices du coût de la vie sont d'environ 600. Quelques droits seulement, qui s'appliquent à des produits spéciaux, tels que la fonte hématite et les spiegels, sont supérieurs aux droits-or d'avant guerre. La fabrication nationale de ces produits doit être encouragée et protégée d'une façon particulièrement efficace pour nous affranchir de la nécessité d'accepter, à tout prix, la fabrication étrangère.

Telles sont les considérations générales qui nous ont amenés à adopter les conclusions formulées par le Comité des Forges de France et qui conduisent aux propositions exprimés dans les tableaux ci-joints.

Les producteurs mosellans, en se ralliant à ces propositions, croient devoir insister sur le fait que, si elles constituent un minimum pour l'industrie métallurgique des départements de l'intérieur, leur adoption sans aucune aggravation s'impose a fortiori en ce qui les concerne. Un abaissement des droits proposés, si minime soit-il, pourrait entraîner de très graves conséquences pour une industrie qui, par sa situation à l'extrême Est du pays, à proximité immédiate de la Sarre et de l'Allemagne, subit avec plus d'intensité qu'aucune autre les effets d'une concurrence redoutable. Par ailleurs, elle comprend presque exclusivement des Sociétés très jeunes, puisqu'elles ont acquis leur domaine actuel après l'armistice — et dont les réserves sont insignifiantes ou inexistantes et dont les premiers exercices ont été gravement déficitaires.

Nota : Toutes les observations inscrites à la suite des tableaux ci-joints se rapportent aux droits figurant au tarif minimum.

FONTE BRUTE

		Tarif général	Tarif minimum
	I. — *Extrait du tarif douanier français actuel.*	par 100 kg.	
N° 205.	— Fonte brute de moulage et fonte d'affinage contenant moins de 15 % de manganèse	20 f 40	5 f 10
	Fonte Spiegel contenant de 15 à 25 % de manganèse . . .	27 20	6 80

II. — *Projet de tarif douanier français.*

		Tarif général	Tarif minimum
N° 351.	Fonte brute :		
	— ordinaire, de moulage ou d'affinage, contenant moins de 6 % de manganèse et plus de 0,15 % de phosphore	18 »	6 »
	Hématite, de moulage ou d'affinage, contenant moins de 6 % de manganèse et au plus 0,15 % de phosphore	25 50	8 50
	Spiegel, contenant en manganèse 6 % et plus jusqu'à 12 %	39 »	13 »
	plus de 12 % jusqu'à 25 % inclusivement	45 »	15 »

III. — *Propositions de la Commission des Douanes de la Chambre des Députés.*

(Rapport N° 4220. — Séance du 25 mars 1927.)

La Commission des Douanes a adopté intégralement les droits prévus au projet de loi.

	Tarif autonome	Tarif contractuel
IV. — *Tarif douanier allemand actuellement en vigueur.* (Droits convertis en francs français sur la base de 1 Mark = 6 francs.)	par 100 kg.	
N° 867. — Fonte brute et alliages de fonte non malléable	6 f »	6 f »

V. — *Observations présentées par les producteurs mosellans.*

Le droit de six francs proposé pour la fonte ordinaire est égal au droit du tarif allemand, qui est de 1 mark-or. Cependant la métallurgie allemande a un prix de revient largement favorisé par le bas prix du coke. Comparé au droit d'avant-guerre, le droit proposé correspond au coefficient 4. Il est donc très modéré.

En ce qui concerne les fontes hématites et les fontes spiegels, les Allemands, grâce au minerai de Siegen qui leur revient à très bon compte, les produisent à un prix très réduit, voisin du prix de revient de la fonte ordinaire.

Les fontes hématites et spiegels françaises sont au contraire fabriquées avec des minerais importés qui coûtent cher, et conduisent à des prix de revient élevés.

La production française de ces fontes spéciales doit être spécialement protégée, pour les raisons exposées ci-dessus.

ACIER EN LINGOTS, BLOOMS, BILLETTES ET BARRES

I. — *Extrait du tarif douanier français actuel.*	Tarif général	Tarif minimum
	par 100 kg.	
N° 206. — Fer et acier bruts en lingots.	52 f 20	13 f 05
N° 207. — Fer ou acier laminé en blooms, billettes et barres	58 »	14 50
N° 207 bis. — Fer ou acier, laminé ou forgé, en barres profilées de 3 $^m/_m$ ou moins dans leurs parties les plus minces, moulures unies ou ornées, fer à relief intermittent.	57 20	14 30

II. — *Projet de tarif douanier français.*

N° 354. — Acier brut en lingots	30 »	10 »
N° 355. — Fer brut forgé en massiaux ou prismes.	30 »	10 »
N° 356. — Fer ou acier laminé ou forgé :		
en blooms et billettes.	33 75	11 25
en barres.	40 50	13 50
N° 357. — Fer ou acier en barres profilées de 3 $^m/_m$ ou moins dans leurs parties les plus minces, moulures unies ou ornées, fer à relief intermittent.	48 »	16 »

III. — *Propositions de la Commission des Douanes de la Chambre des Députés.*
(Rapport N° 4220. — Séance du 25 mars 1927.)

La Commission des Douanes a maintenu intégralement les taux prévus au projet de loi.

IV. — *Tarif douanier allemand actuellement en vigueur.*	Tarif autonome	Tarif contractuel
(Droits convertis en francs français sur la base de 1 Mark = 6 francs.)	par 100 kg.	
N° 784. — Loupes, fer ébauché, lingots, blooms, largets, billettes, acier au creuset en lingots.	9 f »	9 f »
N° 785. — Fer ou acier en barres (y compris les profilés) laminé à chaud :		
avec dessins ou ornements obtenus par laminage	30 »	30 »
autre	15 »	15 »
Laminé ou étiré à froid, façonné d'autre manière, ou forgé brut :		
avec dessins ou ornements obtenus par laminage	45 »	45 »
autre	30 »	30 »

V. — *Observations présentées par les producteurs mosellans.*

La production mosellane est intéressée aux articles suivants :

N°ˢ 354 et 356. — Lingots — blooms et billettes — barres.

Les droits proposés sont sensiblement égaux aux droits allemands et inférieurs aux droits actuels.

N° 357. — Fer ou acier en barres profilées de 3 m/m ou moins.

Les droits sont légèrement supérieurs au tarif actuel, mais ne correspondent qu'à un coefficient de 2,4 par rapport aux droits d'avant-guerre. Ces articles doivent d'ailleurs être protégés contre une forte concurrence allemande.

RAILS DE FER OU D'ACIER

I. — *Extrait du tarif douanier français actuel.*

		Tarif général 100 kg.	Tarif minimum 100 kg.
N° 213.	— Rails de fer ou d'acier ordinaire.	60 f »	15 f »
	Rails d'acier spécial, à plus de 9 % de manganèse	100 »	25 »

II. — *Projet de tarif douanier français.*

		Tarif général	Tarif minimum
N° 378.	— Rails :		
	de fer ou d'acier ordinaire.	45 »	15 »
	d'acier spécial (à plus de 9 % de manganèse).	210 »	70 »

III. — *Propositions de la Commission des Douanes de la Chambre des Députés.*
(Rapport N° 4220. — Séance du 25 mars 1927.)

Les droits prévus par le projet de loi sont adoptés intégralement par la Commission des Douanes.

IV. — *Tarif douanier allemand actuellement en vigueur.*
(Droits convertis en francs français sur la base de 1 M = 6 francs.)

		Tarif autonome 100 kg.	Tarif contractuel 100 kg.
N° 796.	— Rails de chemins de fer, rails d'aiguillage, pointes de cœur, traverses, éclisses et selles.	15 f »	15 f »

V. — *Observations présentées par les producteurs mosellans.*

Les usines de la Moselle produisent actuellement des rails en acier ordinaire dont les droits au tarif minimum (15 frs.) sont les mêmes que les droits allemands et que les droits de notre tarif actuel.

Les rails en acier spécial, qui pourront peut-être intéresser plus tard les usines de la Moselle, ne représenteront en tous cas qu'une fabrication réduite, qui devrait être protégée contre les produits étrangers dans l'intérêt national.

FILS DE FER OU D'ACIER

I. — *Extrait du tarif douanier français actuel.*

	Tarif général 100 kg.	Tarif minimum 100 kg.
N° 208. — Fer ou acier machine.	132 f 60	33 f 15

N° 212. — Fils de fer ou d'acier, qu'ils soient ou non étamés, cuivrés, zingués ou galvanisés, blanchis ou non, de moins de 70 kg de résistance par m/m² de section et d'un diamètre de . . . . :

	Tarif général		Tarif minimum	
plus de 2 m/m.	142	80	35	70
plus de 1 jusqu'à 2 m/m inclus.	204	»	51	»
5/10 jusqu'à 1 m/m inclus. .	244	80	61	20
moins de 5/10 de m/m . .	408	»	102	»

De 70 kg à 175 kg de résistance par m/m² de section et d'un diamètre de. . . . . . :

plus de 2 m/m.	272	»	68	»
plus de 1 jusqu'à 2 m/m. .	353	60	88	40
5/10 jusqu'à 1 m/m	408	»	102	»
moins de 5/10	816	»	204	»

De plus de 175 kg de résistance par m/m² de section et d'un diamètre de. . . . . . :

plus de 2 m/m.	462	40	115	60
plus de 1 jusqu'à 2 m/m. .	680	»	170	»
5/10 jusqu'à 1 m/m	1020	»	255	»
moins de 5/10 de m/m . .	1360	»	340	»

II. — *Projet de tarif douanier français.*

	Tarif général		Tarif minimum	
N° 364. — Fer ou acier machine.	60	»	20	»

N° 371. — Fils de fer ou d'acier, recuits ou non, d'une résistance par millimètre carré de section :

Inférieure à 65 kilos, d'un diamètre :

de plus de 2 m/m	81	»	27	»
de plus de 1 millimètre à 2 millimètres	105	»	35	35
de plus de 5/10 de millimètre à 1 millimètre	135	»	45	»
de 5/10 de millimètre ou moins	270	»	90	»

De 65 kilos et plus, et moins de 110 kilos, d'un diamètre :

de plus de 2 millimètres.	120	»	40	»
de plus de 1 millimètre à 2 millimètres	165	»	55	»
de plus de 5/10 de millimètre à 1 millimètre	225	»	75	»
de 5/10 de millimètre ou moins	450	»	150	»

De 110 kilos et plus, et moins de 175 kilos, d'un diamètre :

de plus de 2 millimètres	165	»	55	»
de plus de 1 millimètre à 2 millimètres	225	»	75	»
de plus de 5/10 de millimètre à 1 millimètre	360	»	120	»
de 5/10 de millimètre ou moins	825	»	275	»

De 175 kilos et plus, d'un diamètre :

de plus de 2 millimètres.	405	»	135	»
de plus de 1 millimètre à 2 millimètres	630	»	210	»
de plus de 5/10 de millimètre à 1 millimètre	1080	»	360	»
de 5/10 de millimètre ou moins	2250	»	750	»

N° 372. — Étamés, cuivrés, plombés, zingués ou galvanisés. . . . . Droits des fils de fer ou d'acier recuits ou non, selon le cas, majorés de 20 %.

N° 375. — Fer ou acier étiré ou calibré, qu'il soit ou non étamé :
D'une résistance par millimètre carré de section :

inférieure à 65 kilos	90	»	30	»
de 65 kilos et plus.	114	»	38	»

III. — *Propositions de la Commission des Douanes de la Chambre des Députés.*

(Rapport N° 4220. — Séance du 25 mars 1927.)

La Commission des Douanes a maintenu intégralement les taux prévus par le projet de loi, sauf en ce qui concerne la position N° 372, qui a été ainsi modifiée :

N° 372. — Etamés, cuivrés, plombés, zingués ou galvanisés. . . . . . . Droits des fils de fer ou d'acier recuits ou non, selon le cas, majorés de 30 %.

IV. — *Tarif douanier allemand actuellement en vigueur.*

(Droits convertis en francs français sur la base de 1 M = 6 fr.)

		Tarif autonome 100 kg.	Tarif contractuel 100 kg.
N° 791.	— Fil, y compris le fil profilé (façonné) :		
	laminé à chaud ou forgé :		
	brut	15 f »	15 f »
	travaillé.	18 »	18 »
N° 792.	— Laminé ou étiré à froid :		
	non travaillé, d'une épaisseur de :		
	1,5 m/m et au-dessus	18 »	18 »
	moins de 1,5 m/m à 0,5 m/m inclus.	24 »	24 »
	moins de 0,5 m/m	36 »	36 »
	travaillé, d'une épaisseur de :		
	1,5 m/m et au-dessus.	24 »	24 »
	moins de 1,5 m/m à 0,5 m/m inclus	33 »	33 »
	moins de 0,5 m/m	45 »	45 »

V. — *Observations présentées par les producteurs mosellans.*

Le droit proposé (20 fr.) est très inférieur au droit actuel (33,15) et correspond à un coefficient 3 seulement par rapport au droit d'avant guerre.

Il est néanmoins acceptable pour l'acier machine ordinaire. Mais il est absolument insuffisant pour l'acier machine de qualité spéciale (résistance au moins égale à 65 kg), qui précisément présente un grand intérêt au point de vue national et ne pourrait, avec un droit réduit, supporter la concurrence allemande.

Ainsi qu'il est prévu pour les fils de fer ou d'acier, qui sont fabriqués avec le fer ou l'acier machine, il y aurait lieu de distinguer :

d'une part, l'acier machine d'une résistance inférieure à 65 kg., pour lequel le droit serait maintenu à 20 fr.

et, d'autre part, l'acier machine d'une résistance de 65 kg et plus, auquel un droit minimum de 26 fr. devrait être appliqué.

FEUILLARDS

I. — *Extrait du tarif douanier français actuel.*

		Tarif général	Tarif minimum
		100 kg.	
N° 209.	— Feuillards en fer ou en acier laminés à chaud de 1 m/m et plus d'épaisseur.	106f 60	26f 65
N° 209 bis.	— Feuillards en fer ou en acier, plus de 1 m/m.	76 80	19 20
	laminés à froid d'une épaisseur de { 6/10 à 1 m/m	86 40	21 60
	4/10 à 6/10 de m/m.	105 60	26 40
	moins de 4/10 de m/m	124 80	31 20

II. — *Projet de tarif douanier français.*

		Tarif général	Tarif minimum
N° 365.	— Feuillards en fer ou acier laminés à chaud de 1 m/m et plus d'épaisseur.	60 »	20 »
N° 366.	— Feuillards en fer ou acier, laminés à froid, d'une résistance par millimètre carré de section, y compris les feuillards laminés à chaud de moins d'un millimètre d'épaisseur :		
	inférieure à 65 kg, ayant d'épaisseur :		
	4/10 de m/m et plus.	90 »	30 »
	moins de 4/10 de m/m.	127 50	42 50
	De 65 kg à moins de 100 kg, ayant d'épaisseur :		
	4/10 de m/m et plus.	180 »	60 »
	moins de 4/10 de m/m.	315 »	105 »
	De 100 kg et plus, ayant d'épaisseur :		
	4/10 de m/m et plus.	300 »	100 »
	moins de 4/10 de m/m.	450 »	150 »

III. — *Propositions de la Commission des Douanes de la Chambre des Députés.*

(Rapport N° 4.220 — Séance du 25 mars 1927.)

Les droits prévus au projet de loi ont été adoptés sans modifications par la Commission des Douanes.

IV. — *Tarif douanier allemand actuellement en vigueur.*

(Droits convertis en francs français, sur la base de 1 Mark = 6 francs.)

		Tarif autonome	Tarif contractuel
		100 kg.	
N° 785.	— Feuillards :		
	laminés à chaud ou forgés :		
	bruts.	15f »	15f »
	travaillés, feuillards avec dessins obtenus par laminage.	30 »	30 »
	laminés ou étirés à froid :		
	non travaillés	48 »	48 »
	travaillés.	72 »	72 »

V. — *Observations présentées par les producteurs mosellans.*

Les nouveaux droits (20 fr.) sont inférieurs aux droits actuels (26,65) et ne pourraient être réduits davantage.

TOLES DE FER OU D'ACIER

I. — Extrait du tarif douanier français actuel.

			Tarif général	Tarif minimum
			100 kg.	
N° 210.	— Tôles planes de fer ou d'acier :			
	non découpées d'une épaisseur de	plus de 1 m/m....	67f 20	16f 80
		6/10 à 1 m/m	86 40	21 60
		4/10 à 6/10 de m/m.	96 »	24 »
		moins de 4/10 de m/m	105 60	26 40
	découpées d'une épaisseur de ..	plus de 1 m/m ...	72 »	18 »
		6/10 à 1 m/m	96 »	24 »
		4/10 à 6/10 de m/m.	105 60	26 40
		moins de 4/10 de m/m	115 20	28 80
	Tôles planes de fer ou d'acier, lustrées, découpées ou non, d'une épaisseur de	plus de 1 m/m ...	147 60	36 90
		6/10 à 1 m/m	180 40	45 10
		4/10 à 6/10 de m/m.	196 80	49 20
		moins de 4/10 de m/m.	213 20	53 30
	Tôles planes de fer ou d'acier, laminées à froid, blanchies ou bleuies au feu, découpées ou non, d'une épaisseur de	plus de 1 m/m....	207 20	51 80
		6/10 à 1 m/m	222 »	55 50
		4/10 à 6/10 de m/m	236 80	59 20
		moins de 4/10 de m/m	251 60	62 90
N° 210 ter.	— Bandes laminées à chaud, dites larges plats, de plus de 20 centimètres de largeur et de plus de 2 m/m d'épaisseur		61 60	15 40
N° 211.	— Fer étamé (fer-blanc) de plus de 6/10 de m/m d'épaisseur. . .		244 80	61 20
	cuivré, plombé ou zingué de 6/10 de m/m d'épaisseur ou moins		265 20	66 30

II. — Projet de tarif douanier français.

		Tarif général	Tarif minimum
N° 367.	— Tôles de fer ou d'acier :		
	Non découpées :		
	Dites triplex, quelle que soit l'épaisseur	162 »	54 »
	Ordinaires laminées à chaud, ayant d'épaisseur :		
	Plus de 30/10 de millimètre	54 »	18 »
	De 16 à 30/10 de millimètre	72 »	24 »
	De 9/10 de millimètre à 15/10	90 »	30 »
	De 5/10 de millimètre à 8/10	111 »	37 »
	De 4/10 de millimètre ou moins	132 »	44 »
	Laminées à froid, lustrées, blanchies ou bleuies au feu. . .	Droits ci-dessus, selon l'espèce, majorés de 50 %.	
	Découpées	Droits des tôles non découpées, selon l'espèce, majorés de 15 %.	
	Embouties, cintrées ou autrement façonnées ou bien perforées à moins de 500 trous, par mètre carré.	Droits ci-dessus, selon l'espèce, majorés de 22 %.	
	Tôles glacées pour carrosseries d'automobiles	Valeur 54 %	18 %
	Plaquées de nickel (bi-métal)	Voir ci-après : nickel plaqué sur fer (n° 390).	
	Etamées, cuivrées, bronzées, zinguées, plombées, vernissées, nacrées, irisées, non ouvrées	Voir le n° 370	
N° 368.	— Bandes laminées à chaud dites larges-plats, de plus de 20 centimètres de largeur et de plus de 2 millimètres d'épaisseur	49f 50	16f 50

N° 370. — Fer ou acier en feuilles ou bandes :
Étamé (fer-blanc) ayant d'épaisseur :

	Tarif général 100 kg	Tarif minimum 100 kg
plus de 6/10 de m/m	180ᶠ »	60ᶠ »
6/10 de m/m ou moins	195 »	65 »
Galvanisé ou zingué, ayant d'épaisseur		
plus de 6/10 de m/m	150 »	50 »
6/10 de m/m ou moins	165 »	55 »
Plombé	Régime du fer galvanisé.	
Cuivré, bronzé, vernissé, nacré, irisé	Régime du fer étamé	

III. — *Propositions de la Commission des Douanes de la Chambre des Députés.*

(Rapport N° 4220. — Séance du 25 mars 1927.)

N° 367. — Tôles de fer ou d'acier :
Non découpées :
Dites triplex, quelle que soit l'épaisseur . . . . Non modifiés.
Ordinaires laminées à chaud, ayant d'épaisseur :

	Tarif général 100 kg	Tarif minimum 100 kg
plus de 30/10 de m/m	Non modifiés.	
de 16 à 30/10 de m/m	66ᶠ »	22ᶠ »
de 9/10 de m/m à 15/10 de m/m	78 »	26 »
de 5/10 de m/m à 8/10 de m/m	93 »	31 »
4/10 de m/m ou moins	108 »	36 »

sans modifications.

N° 368. — Sans modifications.

N° 370. — Fer ou acier en feuilles ou bandes :
Étamé (fer-blanc) ayant d'épaisseur :

	Tarif général 100 kg	Tarif minimum 100 kg
plus de 6/10 de m/m	156 »	52 »
6/10 de m/m ou moins	171 »	57 »
Galvanisé ou zingué, ayant d'épaisseur :		
plus de 6/10 de m/m	135 »	45 »
6/10 de m/m ou moins	150 »	50 »
Plombé	} sans modifications.	
Cuivré, bronzé, vernissé, etc.		

IV. — *Tarif douanier allemand actuellement en vigueur.*

(Droits convertis en francs français sur la base de 1 M = 6 fr.)

	Tarif autonome 100 kg	Tarif contractuel 100 kg
N° 786. — Tôles brutes, décapées, dressées, vernies, d'une épaisseur de :		
plus de 1 m/m	18ᶠ »	18ᶠ »
1 m/m et au-dessous	27 »	27 »
N° 787. — Tôles doucies, laquées, polies, brunies ou oxydées artificiellement par un autre procédé, y compris celles recouvertes d'une couche d'oxyde miroitant d'une épaisseur de :		
plus de 1 m/m	30 »	30 »
1 m/m et au-dessous	33 »	33 »
N° 788. — Tôles étamées (fers-blancs) ou recouvertes d'autres métaux communs d'une épaisseur de :		
plus de 1 m/m	30 »	30 »
1 m/m et au-dessous	33 »	33 »
OBSERVATION (N°ˢ 786 à 788). — Les droits de douane sont majorés de 25 % pour les tôles de moins de 5 m/m d'épaisseur découpées autrement qu'à angle droit.		
N° 789. — Tôles ondulées, métal déployé, tôles striées, tôles gaufrées :		
brutes	30 »	30 »
travaillées	48 »	48 »
N° 790. — Tôles (à l'exception de celles désignées au N° 789) embouties, estampées, à bourrelet, soudées, cintrées, percées, d'une épaisseur de :		
plus de 1 m/m	33 »	33 »
1 m/m et au-dessous	42 »	42 »

V. — *Observations présentées par les producteurs mosellans.*

Pour les tôles laminées à chaud, ayant plus de 30/10 de millimètre d'épaisseur, le droit de 18 francs prévu ne représente que 2 fois 1/2 le droit d'avant-guerre et est égal au droit allemand. Le Gouvernement et la Commission sont d'accord sur ce chiffre.

Mais la Commission a proposé des droits réduits pour les tôles plus minces et le fer ou l'acier en feuilles ou bandes.

Nous réclamons instamment que les droits figurant au projet du Gouvernement, et qui ne représentent qu'un coefficient de 3 environ par rapport aux droits d'avant-guerre, soient maintenus, pour que la fabrication française soit efficacement protégée contre les concurrences allemande et belge, lesquelles sont à redouter pour les raisons suivantes :

1º Main-d'œuvre spécialisée moins chère, ce qui leur permet de produire les tôles les plus fines à meilleur compte ;

2º Facilités de transport par mer vers les chantiers de construction du littoral ;

3º Certains de nos gros centres de consommation sont à proximité de la frontière belge ;

4º La nomenclature douanière, basée sur l'épaisseur et non sur la qualité, prévoit le même droit pour les tôles en acier Thomas ordinaire que pour les tôles en acier Martin de qualité, qui sont d'un prix bien supérieur.

La production des tôles offre un intérêt national et doit être protégée.

C'est ce qu'ont fait les autres pays tels que :

l'Italie (coefficient 7,5 par rapport à l'avant-guerre) ;

la Belgique (coefficient 7,8 par rapport à l'avant-guerre), etc.

Le Gouvernement s'est limité à une faible protection (coefficient 3) qui ne pourrait être réduite sans danger.

PRODUITS CHIMIQUES SIMPLES

I. — *Tarif douanier français actuel.*

		Tarif général	Tarif minimum
		100 kg.	
Nº 044.	— Acide chlorhydrique ordinaire	12ᶠ 20	3ᶠ 05
Nº 045.	— Acide chlorhydrique commercialement pur	17 »	4 25
Nº 073.	— Acide sulfurique :		
	à 65 % et moins....................	12 60	exempt
	de 65 % à 81 %	25 50	exempt
	de 81 % et au-dessus..................	30 60	7ᶠ 65
	commercialement pur	54 40	13 60
Nº 0100.	— Chlorure de baryum	13 60	3 40
Nº 0166.	— Sulfate de soude :		
	cristallisé ou hydraté (sel de Glauber)	22ᶠ 40	5 60
	anhydre contenant en nature moins de 25 % de sel	81 84	20 46
Nº 0176.	— Sulfate de zinc	32 80	8 20
Nº 010.	— Sulfate d'ammoniaque :		
	brut	33 60	exempt
Nº 020.	— raffiné	54 40	13ᶠ60
Nº 081.	— Sulfure de sodium :		
	moins de 35 % d'anhydre	153 »	38 25
	35 % d'anhydre et plus	244 80	61 20

II. — *Projet de loi portant révision du Tarif général des douanes.*

		Tarif général	Tarif minimum
Nº 419.	— Sulfate d'ammoniaque mélangé ou non de nitrate d'ammoniaque	exempt	exempt
Nº 444.	— Acide chlorhydrique ordinaire................	15ᶠ »	5ᶠ »
Nº 445.	— Acide chlorhydrique commercialement pur	30 »	10 »
Nº 475.	— Acide sulfurique :		
	à 65 % SO³ et moins................	6 »	2 »
	de 65 % à 81 % SO³	9 »	3 »
	de 81 % et au-dessus..................	13 50	4 50
	commercialement pur	24 »	8 »
Nº 484.	— Sulfure de sodium :		
	moins de 35 % d'anhydre	96 »	32 »
	35 % d'anhydre et plus	120 »	40 »
Nº 503.	— Chlorure de baryum	60 »	20 «
Nº 576.	— Sulfate de soude :		
	cristallisé ou hydraté (sel de Glauber)	12 75	4 25
	anhydre contenant en nature moins de 25 % de sel	47 25	15 75
Nº 587.	— Sulfate de zinc	52 50	17 50

III. — *Observations présentées par les intéressés.*

Les droits inscrits au projet de loi seraient suffisamment protecteurs contre la concurrence allemande si les produits allemands étaient soumis au tarif général; cependant, il est fort probable que le tarif minimum sera accordé à l'Allemagne. Toutefois, la situation n'est à considérer comme grave qu'en ce qui concerne le « Chlorure de baryum » que les Allemands protègent par un droit de 24 francs (4 Mk), alors que le nouveau tarif français ne prévoit qu'un droit de 20 francs au tarif minimum.

Or, les installations allemandes de produits barytiques datent de bien avant la guerre et sont complètement amorties, tandis que l'industrie mosellane ne fabrique ce produit que depuis deux ans, ce qui rend très difficile la lutte contre la concurrence allemande. Il y aurait donc lieu de protéger davantage ce produit.

IV. — *Propositions de la Commission des Douanes de la Chambre des Députés.*

(Rapport N° 4220. — Séance du 25 mars 1927.)

La Commission des douanes a maintenu les droits du projet de loi, sauf pour les produits suivants :

	Tarif général	Tarif minimum
N° 419. — Sulfate d'ammoniaque mélangé ou non de nitrate d'ammoniaque	Régime du N° 845, c'est-à-dire	
	Valeur 45 % 100 kg.	Valeur 15 % 100 kg.
N° 484. — Sulfure de sodium :		
moins de 35 % d'anhydre	69ʳ —	23ʳ —
35 % d'anhydre et plus	non modifié	

V. — *Tarif douanier allemand actuellement en vigueur.* (Droits convertis en francs français sur la base de 1 Mk = 6 fr.).	Tarif autonome 100 kg.	Tarif contractuel 100 kg.
N° 317. — Sulfate d'ammoniaque	exempt	exempt
N° 272. — Acide chlorhydrique	3ʳ —	—
N° 273. — Acide sulfurique	3 —	—
Acide sulfurique anglais et fumant (oléum)	3 —	exempt
N° 317. — Sulfure de sodium	exempt	—
N° 283. — Chlorure de baryum	24 —	—
Ex N° 294. — Sulfate de soude, sel Glauber, bisulfate de soude	1 50	—
Ex N° 297. — Sulfate de zinc	3 —	—

VI. — *Comparaison des futurs droits français avec les droits allemands actuels.*

Voir sous III les observations au sujet du chlorure de baryum.

CHLORURE DE MAGNÉSIUM

	Tarif général 100 kg	Tarif minimum 100 kg
I. — *Tarif douanier français actuel.*		
N° 0137. — Chlorure de magnésium	108ᶠ 80	27ᶠ 20

II. — *Projet de loi portant révision du Tarif général des douanes.*

N° 543. — Chlorure de magnésium :		
Déshydraté.	111 »	37 »
Ordinaire	45 »	15 »

III. — *Observations présentées par les intéressés.*

Pour permettre aux usines mosellanes d'utiliser les poussières à gaz de leurs hauts-fourneaux à la fabrication de briquettes, il y a lieu de faciliter l'importation du chlorure de magnésium *brut*, c'est-à-dire du sous-produit qui est absolument nécessaire à cette fabrication. Or, les droits de tarif actuellement en vigueur, ainsi que ceux du projet de loi, excluent toute possibilité d'importation, les droits de douane rendant le prix de revient de ces briquettes de beaucoup supérieur au prix du minerai extrait des mines.

Les usines mosellanes demandent par conséquent l'exemption de droits de douane pour le chlorure de magnésium *brut*, sous-produit provenant du traitement du sel de Strassfurt et que l'Allemagne peut fournir en grandes quantités, faute de quoi elles se verraient dans la nécessité de laisser perdre, comme par le passé, toute la poussière de leurs hauts-fourneaux.

IV. — *Propositions de la Commission des Douanes de la Chambre des Députés.*

(Rapport N° 4220. — Séance du 25 mars 1927.)

La Commission des Douanes a maintenu intégralement les droits prévus au projet de loi.

SELS

		Tarif général 100 kg.	Tarif minimum 100 kg.

I. — *Tarif douanier français actuel.*

Nº 0164.	— Chlorure de sodium raffiné blanc	41 f 58 (1)	13 f 86 (1)
	Chlorure de sodium autre	30 24	10 08

II. — *Projet de loi portant révision du Tarif général des douanes.*

Nº 571.	— Chlorure de sodium raffiné blanc (2)	32 25	10 75
Nº 572.	— Chlorure de sodium autre (2)	23 25	7 75

III. — *Observations présentées par le producteur mosellan.*

Si les droits du tarif général paraissent garantir une protection suffisante, il n'en est pas de même de ceux du tarif minimum. Les salines allemandes qui sont en mesure de fabriquer à meilleur compte que les salines lorraines ne manqueraient pas, grâce aux droits du tarif minimum, d'inonder de leurs produits le marché français au détriment de l'industrie nationale non suffisamment protégée et dont la production suffit largement aux besoins intérieurs. Le tarif minimum devrait en conséquence être fixé de la façon suivante :

Nº 571.	— Chlorure de sodium raffiné	15 f »
Nº 572.	— Chlorure de sodium autre	12 50

IV. — *Propositions de la Commission des Douanes de la Chambre des Députés.*

(Rapport Nº 4220. — Séance du 25 mars 1927.)

La Commission des Douanes a maintenu sans aucun changement les droits prévus au projet de loi.

V. — *Tarif douanier allemand actuellement en vigueur.* (Droits convertis en francs français sur la base de 1 Mk = 6 francs.)	Tarif autonome 100 kg. net	Tarif contractuel
Ex Nº 280. — Sel (chlorure de sodium)	4 80	4 80

VI. — *Comparaison des futurs droits français avec les droits allemands actuels.*

Les salines françaises n'ont pas seulement besoin d'une protection suffisante leur garantissant l'intégralité du marché intérieur, mais les débouchés qui leur sont nécessaires pour écouler leur surproduction doivent également leur être procurés. C'est ainsi que les salines réclament instamment, comme nécessaire à leur existence, le débouché dans la province du Rhin, le Palatinat et dans la Sarre (après 1935) qui, avec un droit de 0,80 Mk, leur est complètement fermé.

Le droit allemand devrait être ramené à 0,40 Mk, ce qui pourrait être assez facilement obtenu en raison des réductions que le nouveau tarif douanier français accorde aux produits allemands, même en tenant compte du relèvement du tarif minimum proposé ci-dessus.

---

(1) Non compris la taxe intérieure de consommation.
(2) Suivent le régime du sel raffiné blanc, tous sels blancs, gemmes ou autres, triturés ou moulus. Taxe intérieure en sus.

SCORIES

Tarif   Tarif
général   minimum
100 kg.   100 kg.

I. — *Tarif douanier français actuel.*

Ex N° 0379. — Scories de déphosphoration .... exemptes exemptes

II. — *Projet de loi portant révision du Tarif général des douanes.*

Ex N° 845. — Scories de déphosphoration .. .. exemptes exemptes

III. — *Observations présentées par les Moulins à scories de la Moselle.*

Les scories ont toujours pu entrer en France en exemption de droits de douane et le projet de loi n'apporte aucune modification à ce régime. Comme l'Allemagne est d'autre part importateur de scories, il n'y a pas nécessité d'établir un droit protecteur pour les scories.

IV. — *Propositions de la Commission des Douanes de la Chambre des Députés.*

(Rapport N° 4220. — Séance du 25 mars 1927)

Tarif   Tarif
général   minimum
100 kg.   100 kg.

La Commission a modifié la nomenclature de la façon suivante :

Ex N° 845. — ....

    2° Engrais phosphatés :
    Phosphates de chaux et scories...................... exempts exempts

V. — *Tarif douanier allemand actuellement en vigueur.*	Tarif autonome 100 kg.	Tarif contractuel 100 kg.
(Droits convertis en francs français sur la base de 1 Mk · G fr.)		
N° 361. — Scories phosphatées de Thomas, pulvérisées...............	3ᶠ —	exemptes

VI. — *Comparaison des futurs droits français avec les droits allemands actuels.*

Seules les scories françaises sont encore soumises à un droit d'entrée à leur importation en Allemagne. Toutefois, il ressort des pourparlers franco-allemands que le traité de commerce définitif accordera aux scories françaises le droit de la nation la plus favorisée, c'est-à-dire l'exemption, ce qui est absolument nécessaire afin de permettre à l'industrie française d'écouler sa surproduction de scories au même titre que l'industrie belge et luxembourgeoise.

L'industrie française verrait d'autre part d'un bon œil l'abolition de toutes mesures restrictives à l'exportation des scories.

SAVONS

I. — *Tarif douanier français actuel.*

	Tarif général	Tarif minimum
	100 kg.	
N° 312. — Savons autres que ceux de parfumerie	117ᶠ 60	29ᶠ 40

II. — *Projet de loi portant révision du Tarif général des douanes.*

	Tarif général	Tarif minimum
N° 889. — Savons autres que ceux de parfumerie	75 »	25 »

III. — *Observations présentées par le producteur mosellan.*

Le producteur mosellan n'ayant pas présenté d'observations au sujet des nouveaux droits proposés, nous en concluons que ces derniers assurent une protection suffisante à ses produits.

IV. — *Propositions de la Commission des Douanes de la Chambre des Députés.*

(Rapport N° 4.220. — Séance du 25 mars 1927.)

Les droits du projet de loi ont été adoptés intégralement par la Commission des Douanes.

V. — *Tarif douanier allemand actuellement en vigueur.*

(Droits convertis en francs français sur la base de 1 Mk. = 6 fr.)

	Tarif autonome	Tarif contractuel
	100 kg.	
Ex N° 254. — Savon mou ordinaire en futailles ou autres grands récipients	30ᶠ »	—— »
Ex N° 255. — Savon dur (dit savon de Marseille) en tant qu'il ne tombe pas sous le N° 256	60 »	45ᶠ »
Ex N° 256. — Savon dur présenté pour l'usage immédiat (pressé ou moulé)	360 »	240 »
Poudre de savon	360 »	—— »

NOTE. — Le savon dur non parfumé (dit de Marseille), présenté pour l'usage immédiat (pressé ou moulé) en cubes pesant par pièce 400 gr. ou plus, suit le régime prévu pour le N° ex 255.

VI. — *Comparaison des futurs droits français avec les droits allemands actuels.*

Le tarif contractuel allemand dont bénéficient les savons français est trop élevé et ne permet pas la réalisation d'affaires. D'autre part, le consommateur allemand refuse les morceaux en cubes de 400 gr., étant habitué aux morceaux rectangulaires de 150 à 400 gr. Il y aurait donc lieu d'obtenir de l'Allemagne un tarif contractuel moins élevé, ainsi que la faculté d'exporter, au tarif réduit, les savons sous la forme rectangulaire et pesant de 150 à 400 gr.

PRODUITS RÉFRACTAIRES

Le tarif des douanes actuel comprend sous l'unique N° 332 de sa nomenclature : les « briques et pièces à base de silice, alumine, bauxite, magnésie, etc. » — assujetties aux droits suivants (coefficient de majoration de 5,1 compris) :

Tarif maximum . . . . 20f 40 les 100 kg.
Tarif minimum . . . . 5 10 » »

Le projet de loi portant révision du tarif général des douanes répartit les briques et produits à base de silice, alumine, bauxite, magnésie, etc., sous les N°s 918 à 921 de sa nomenclature, avec une progression importante des droits, suivant la teneur de la matière réfractaire de base.

Ce projet aboutit à des majorations allant jusqu'à 180 % environ pour les produits à base de silice et d'alumine et jusqu'à 550 % environ pour les produits à base de magnésie.

L'industrie française des produits réfractaires est largement protégée par le tarif actuel contre les produits étrangers.

Les briques à haute teneur en magnésie ne peuvent pas être fournies par l'industrie française, la matière première servant à leur fabrication se trouvant exclusivement à l'étranger (Tchécoslovaquie) et l'adoption du projet de loi entraînerait pour les usines métallurgiques de la Moselle une augmentation du prix de revient des aciers et aggraverait de ce fait les difficultés économiques auxquelles elles ont à faire face, principalement sur les marchés d'exportation.

La vitalité des usines métallurgiques est subordonnée aux possibilités d'exportation des produits fabriqués, dont la majeure partie ne peut être absorbée par le marché intérieur.

En conséquence, la Chambre de Commerce émet le vœu :

Que les briques et produits réfractaires à base de silice, alumine, bauxite, magnésie, etc., continuent d'être soumis aux droits de douane actuellement en vigueur.

N. B. — Les droits prévus par le projet de loi portant révision du Tarif général des douanes ont été intégralement maintenus par la Commission des Douanes de la Chambre des Députés. (Rapport N° 4.220. — Séance du 25 mars 1927.)

FAYENCES ET PORCELAINES

	Tarif général	Tarif minimum
I. — *Tarif douanier français actuel.*		
Poteries cuites en grès, autres communes de toutes sortes :		
Ex N° 340. — Appareils sanitaires, objets de ménage, bouteilles et autres :	100 kg.	
non émaillés	81ᶠ 60	20ᶠ 40
émaillés	142 80	35 70
N° 341. — Autres en pâtes fines, avec ou sans décorations, relief en émail	Voir tarif des fayences fines.	
Ex N° 342. — Carreaux céramiques cuits en grès unicolores sans ornementation	61ᶠ 20	15ᶠ 30
multicolores, décorés ou perforés	81 60	20 40
Fayences à pâte commune et stanifères :		
N° 343. — à pâte colorée, couverte blanche ou colorée avec ou sans reliefs unicolores obtenus par moulages ou sans retouche ...	100 80	25 20
N° 344. — à glaçure multicolore avec dessins imprimés ou peintures à la main ou reliefs retouchés à la main	201 60	50 40
Fayences fines et majoliques :		
N° 345. — Poteries à pâte fine non décorées :		
en biscuit	137 20	34 30
couvertes d'un vernis de couleur uniforme	176 40	44 10
N° 346. — Poteries à pâte fine décorées :		
en biscuit	235 20	58 80
vernies	313 60	78 40
N° 347. — Porcelaines :		
blanche	128 »	32 »
décorée	432 »	108 »
décorée et d'épaisseur renforcée	324 »	81 »
parian et biscuit blanc ou coloré	540 »	135 »
II. — *Projet de loi portant révision du Tarif général des douanes.*		
Fayences autres que pour l'électricité :		
N° 935. — Fayences pour appareils de chauffage	Régime du N° 936	
N° 936. — Carreaux briques ou pavés ayant d'épaisseur :		
Non vernissés, ni émaillés (biscuit) :		
Non décorés :		
8 millimètres et plus	96ᶠ »	32ᶠ »
moins de 8 millimètres	114 »	38 »
Décorés ou à pâte colorée :		
8 millimètres et plus	162 »	54 »
moins de 8 millimètres	192 »	64 »
Vernissés ou émaillés :		
Unis :		
Blancs, y compris la nuance crème ou ivoire :		
8 millimètres et plus	126 »	42 »
moins de 8 millimètres	156 »	52 »
Unicolores, à pâte colorée ou décorée d'une seule couleur :		
8 millimètres et plus	180 »	60 »
moins de 8 millimètres	225 »	75 »
Décorés à deux ou plusieurs couleurs ou multicolores :		
8 millimètres et plus	210 »	70 »
moins de 8 millimètres	240 »	80 »
A reliefs :		
Blancs, y compris la nuance crème ou ivoire :		
8 millimètres et plus	180 »	60 »
moins de 8 millimètres	225 »	75 »
Unicolores à pâte colorée ou décorés d'une ou de plusieurs couleurs :		
8 millimètres et plus	210 »	70 »
moins de 8 millimètres	240 »	80 »

		Tarif général 100 kg	Tarif minimum 100 kg
N° 937.	— Assiettes et platerie même à reliefs :		
	Non vernissées ni émaillées (biscuit) :		
	Blanches, y compris la nuance crème ou ivoire	105f »	35f »
	Décorées ou à pâte colorée	180 »	60 »
	Vernissées ou émaillées :		
	Blanches, y compris la nuance crème ou ivoire	135 »	45 »
	Décorées ou à pâte colorée :		
	D'une seule couleur, sans dorures ni argentures	180 »	60 »
	A deux ou plusieurs couleurs, ou bien avec dorures ou argentures	285 »	95 »
N° 938.	— Objets creux pour la table, vaisselle, toilette, etc., même à reliefs :		
	Non vernissés, ni émaillés (biscuit) :		
	Blancs, y compris la nuance crème ou ivoire	210 »	70 »
	Décorés ou à pâte colorée	345 »	115 »
	Vernissés ou émaillés :		
	Blancs, y compris la nuance crème ou ivoire	255 »	85 »
	Décorés ou à pâte colorée :		
	D'une seule couleur, sans dorures ni argentures	375 »	125 »
	De deux ou plusieurs couleurs, ou bien avec dorures ou argentures	410 »	170 »
N° 939.	· Articles sanitaires même avec reliefs, tels que closets, tables-toilette, vidoirs, éviers, etc. :		
	Dont l'épaisseur la plus forte est inférieure à 20 millimètres	360f »	120f »
	Dont l'épaisseur la plus forte est de 20 millimètres et au-dessus, qu'ils soient ou non vernissés ou émaillés :		
	Blancs, y compris la nuance crème ou ivoire	240 »	80 »
	Décorés ou à pâte colorée	330 »	110 »
N° 940.	— Objets et articles de fantaisie, artistiques, décoratifs, d'ornement, d'ameublement d'étagère ou de bureau, y compris la majolique et terres cuites, même garnis ou montés de métal non précieux	Valeur 70 %	Valeur 25 %
N° 941.	— Fleurs en piquets ou autres, couronnes, croix et autres articles analogues en fayence, barbotine ou céramique avec ou sans parties métalliques	100 kg 375 »	100 kg 125 »
	Porcelaine :		
N° 942.	· Porcelaine autre que pour l'électricité (1) :		
	Pour l'usage de la table ou toilette en porcelaine couverte :	Valeur	Valeur
	Blanche	70 %	35 %
	Colorée ou décorée	70 %	35 %
	Pour l'usage culinaire en porcelaine couverte :		
	Blanche	70 %	35 %
	Colorée ou décorée	70 %	35 %
	A usage de chimie, pharmacie, laboratoires ou autres usages scientifiques ou industriels en porcelaine couverte ou non	70 %	35 %
	Articles sanitaires avec ou sans partie en métal ou matière autre que la porcelaine :		
	Porcelaine blanche	50 %	25 %
	Porcelaine colorée ou décorée	50 %	25 %
	Non comprise dans les alinéas précédents, blanche, colorée ou décorée, couverte ou non, parian compris :		
	Lithophanies (2)	70 %	35 %
	Statues, statuettes, bas-reliefs, groupes et autres objets dérivant de la statuaire	70 %	35 %
	Autres, c'est-à-dire objets d'art, de fantaisie, d'ornement, d'ameublement, de bureau, d'étagère, etc., fleurs, couronnes, perles et motifs divers	70 %	35 %
	Articles de tout genre, métallisés par galvanoplastie ou autre procédé analogue, ou bien comportant des parties en métal commun	70 %	35 %

(1) Les objets avec métal précieux sont taxés comme orfèvrerie d'or, de platine ou d'argent.
(2) Sous réserve des dispositions spéciales relatives au contrôle de la librairie.

III. — *Observations présentées par le producteur mosellan.*

Il ressort de comparaisons faites, que la protection qu'accordent les droits du projet ministériel est d'environ 14 %, alors qu'avant la guerre cette protection était de 18 %. Etant donné qu'il n'y a aucune raison, bien au contraire, pour que l'industrie française soit à l'avenir moins protégée qu'avant la guerre, il y aurait lieu de relever les droits proposés d'environ 33 %, ce qui donnerait les droits suivants :

		Tarif minimum	
		Droits nets proposés 100 kg	Droits nets demandés 100 kg
N° 935. — Fayences pour appareils de chauffage		Régime du N° 936	
N° 936. — Carreaux, briques ou pavés ayant d'épaisseur :			
Non vernissés, ni émaillés (biscuit) :			
Non décorés :			
8 millimètres et plus		35f »	45f »
moins de 8 millimètres		42 »	56 »
Décorés ou à pâte colorée :			
8 millimètres et plus		55 »	70 »
moins de 8 millimètres		65 »	85 »
Vernissés ou émaillés :			
Unis, blancs y compris la nuance crème ou ivoire :			
8 millimètres et plus		45 »	60 »
moins de 8 millimètres		55 »	70 »
Unicolores, à pâte colorée ou décorée d'une seule couleur :			
8 millimètres et plus		60 »	80 »
moins de 8 millimètres		75 »	100 »
Décorés à deux ou plusieurs couleurs ou multicolores :			
8 millimètres et plus		80 »	105 »
moins de 8 millimètres		90 »	120 »
A reliefs :			
Blancs, y compris la nuance crème ou ivoire :			
8 millimètres et plus		60 »	80 »
moins de 8 millimètres		75 »	100 »
Unicolores, à pâte colorée ou décorée d'une ou de plusieurs couleurs :			
8 millimètres et plus		80 »	105 »
moins de 8 millimètres		90 »	120 »
N° 937. — Assiettes et platerie même à reliefs :			
Non vernissées ni émaillées (biscuit) :			
Blanches, y compris la nuance crème ou ivoire		35f »	45f »
Décorées ou à pâte colorée		60 »	80 »
Vernissées ou émaillées :			
Blanches, y compris la nuance crème ou ivoire		45 »	60 »
Décorées ou à pâte colorée :			
D'une seule couleur, sans dorure ni argenture		60 »	80 »
Décorées :			
De deux ou de plusieurs couleurs ou bien avec dorures ou argentures		95 »	125 »
N° 938. — Objets creux pour la table, vaisselle, toilette, etc..., même à reliefs :			
Non vernissés ni émaillés (biscuit) :			
Blancs, y compris la nuance crème ou ivoire		70 »	95 »
Décorés ou à pâte colorée		115 »	155 »
Vernissés ou émaillés :			
Blancs, y compris la nuance crème ou ivoire		85 »	115 »
Décorés ou à pâte colorée :			
D'une seule couleur sans dorures ni argentures		125 »	170 »
De deux ou plusieurs couleurs, ou bien avec dorures ou argentures		170 »	225 »
N° 939. — Articles sanitaires même à reliefs, tels que closets, tables-toilette, vidoirs, etc., dont l'épaisseur la plus forte est inférieure à 20 millimètres		120 »	150 »
Dont l'épaisseur la plus forte est de 20 millimètres et au-dessus, qu'ils soient ou non vernissés ou émaillés :			
Blancs, y compris la nuance crème ou ivoire		85 »	115 »
Décorés ou à pâte colorée		125 »	170 »

		Droits nets proposés 100 kg	Droits nets demandés 100 kg
N° 940.	— Objets et articles de fantaisie, artistiques, décoratifs, d'ornement, d'ameublement, d'étagère ou bureau, y compris la majolique et terres cuites................................	275ᶠ »	365ᶠ »
N° 941.	— Fleurs en piquets ou autres, couronnes, croix et autres articles analogues en fayence, barbotine ou céramique avec ou sans parties métalliques	125 »	170 »

IV. — *Propositions de la Commission des Douanes de la Chambre des Députés.*

(Rapport N° 4220. — Séance du 25 mars 1927.)

La Commission des Douanes a maintenu le régime prévu au projet de loi, sauf en ce qui concerne les positions suivantes qui sont ainsi modifiées :

		Tarif général 100 kg	Tarif minimum 100 kg
N° 938.	— Objets creux pour la table, vaisselle, toilette, etc., même à reliefs......................................	non modifié	
	de deux ou plusieurs couleurs, ou bien avec dorures ou argentures	540 »	non modifié
N° 939.	— Articles sanitaires même avec reliefs, tels que closets, tables-toilette, vidoirs, éviers, etc. :		
	dont l'épaisseur la plus forte est inférieure à 20 ᵐᵐ		
	blancs, y compris la nuance crème ou ivoire............	330 »	110 »
	décorés ou à pâte colorée	420 »	140 »

		Valeur	Valeur
N° 942.	— Porcelaine :		
	Porcelaine autre que pour l'électricité :		
	Pour l'usage de la table ou toilette en porcelaine couverte :		
	blanche..	non modifié	25 %
	colorée ou décorée..................................	»	25 %
	Pour l'usage culinaire en porcelaine couverte :		
	blanche..	»	25 %
	colorée ou décorée..................................	»	25 %
	A usage de chimie, pharmacie, laboratoires ou autres usages scientifiques ou industriels en porcelaine couverte ou non...	non modifié	
	Articles sanitaires avec ou sans partie en métal ou matière autre que la porcelaine :		
	Porcelaine blanche..................................	60 %	20 %
	Porcelaine colorée ou décorée	60 %	20 %
	Non comprise dans les alinéas précédents : blanche, colorée ou décorée, couverte ou non, parian compris :		
	Lithophanies..	non modifié	25 %
	Statues, statuettes, bas-reliefs, groupes et autres objets dérivant de la statuaire..............................	»	25 %
	Autres, c'est-à-dire objets d'art, de fantaisie, d'ornement, d'ameublement, de bureau, d'étagère, etc., fleurs, couronnes, perles et motifs divers	»	25 %
	Articles de tout genre, métallisés par la galvanoplastie ou autre procédé analogue, ou bien comportant des parties en métal commun....................................	»	25 %

		Tarif autonome 100 kg	Tarif contractuel 100 kg
	V. — *Tarif douanier allemand actuellement en vigueur.* (Droits convertis en francs français sur la base de 1 Mk = 6 fr.)		
N° 729.	— Carreaux de revêtement (pour cloisons), etc. :		
	En terre, masse argileuse frittée, en fayence, vernissés ou non :		
	unicolores	120ᶠ »	—
	multicolores même avec enduit lustré ou métallique ...	288 »	—
	Ouvrages en fayence, en grès fin, en masse argileuse fine, non dénommés ailleurs :		

		Tarif autonome 100 kg	Tarif contractuel 100 kg
No 730.	— Unicolores	60 »	54ᶠ »
No 731.	— Multicolores même avec enduit lustré ou métallique, à l'exception des vases d'ornement, figures et autres objets de luxe similaires :		
	bicolores mais non dorés.	180 »	96 »
	autres	180 »	120 »
	vases d'ornement, figures et autres objets de luxe similaires	450 »	—
No 733.	— Porcelaine et ouvrages similaires à la porcelaine (porcelaine tendre, porcelaine anglaise ou frittée, porcelaine sans couverte, biscuit, parian, porcelaine jaspée, etc.) :		
	blancs	168 »	—
	de couleur, même avec enduit lustré ou métallique. . . .	540 »	—
	combinés avec d'autres matières à moins que, eu égard à cette combinaison, ils ne soient passibles de droits plus élevés.	540 »	—

VI. — *Comparaison des futurs droits français avec les droits allemands actuels.*

Les droits allemands frappant les produits français sont absolument prohibitifs et ne sont en aucun rapport avec les droits français. Si on veut éviter d'augmenter l'état de surproduction de l'industrie nationale, il faut à tout prix obtenir de l'Allemagne la réduction de ses droits de douane, afin de permettre l'exportation vers ce pays, surtout après que les Allemands ont bénéficié de toutes les concessions possibles sur le tarif français.

GOBELETERIE

I. — *Tarif douanier français actuel.*

		Tarif général	Tarif minimum
		100 kg.	
N° 356.	Gobeleterie de verre et de cristal unie ou moulée, blanche ou de couleur naturelle	124ᶠ 80	31ᶠ 20
	teintée dans la masse et unicolore	187 20	46 80
	rodée, taillée ou gravée autrement que pour effacer les traces de l'attache dite pontil	300 80	75 20
	décorée d'or, de couleur ou autrement	601 60	150 40
	Articles pour l'éclairage :		
	Verres ou cheminées d'éclairage :		
	perforés de trous ou encoches sur le corps de la pièce	780 »	195 »
	autres	468 »	117 »
	Réflecteurs, abat-jour, globes ou verrines :		
	multicolores, décorés d'or ou autrement	936 »	234 »
	taillés ou gravés	499 20	124 80
	autres	280 80	70 20

II. — *Projet de loi portant révision du Tarif général des douanes.*

Gobeleterie de verre ou de cristal (1) :

		Tarif général	Tarif minimum
N° 961.	Articles pour l'éclairage, autres que lampes, lustres, pièces de lustrerie, appliques, etc. :		
	Verres ou cheminées d'éclairage :		
	Perforés de trous ou d'encoches sur le corps de la pièce	750 »	250 »
	Autres	450 »	150 »
	Réflecteurs, abat-jour, globes, tulipes, garde-brise ou verrines (2) :		
	Blancs ou teintés dans la masse et unicolores :		
	Même rodés, flettés sur les bords ou percés :		
	Unis	300 »	100 »
	Avec reliefs ou ornements obtenus par un seul moulage	405 »	135 »
		Valeur	
	Avec surface flettée ou parties taillées, gravées ou dépolies	70 %	25 %
	Multicolores, décorés d'or, de couleur ou autrement, ou bien doublés par superposition de couches de verre de nuances différentes	70 %	25 %
	Revêtus d'incrustations, d'applications ou plaqués par la galvanoplastie ou d'autres procédés	70 %	25 %
N° 962.	Pièces pour le service de la table ou de la toilette ; articles de bureau ou objets destinés à l'ameublement ou à l'ornementation des habitations, tels que vases, jardinières, coupes, porte-bouquets, socles pour pianos, etc. :		
	Blancs ou teintés dans la masse, unicolores :		
	Dépontillés ou bien flettés sur les bords :		
	Unis	300ᶠ »	100ᶠ »
	Avec reliefs ou ornements obtenus par moulage	405 »	135 »
	Gravés à l'acide, au sable ou dépolis	450 »	150 »
		Valeur	Valeur
	Avec surface flettée, parties taillées ou gravées à la roue ou bien avec bouchon et (ou) goulot rodés	70 %	25 %
	Multicolores, décorés d'or, de couleur ou autrement, ou bien doublés par superposition de couches de verre de nuances différentes	70 %	25 %
	Revêtus d'incrustations, d'applications ou plaqués par la galvanoplastie ou d'autres procédés	70 %	25 %

(1) La gobeleterie montée en métal non précieux est taxée comme gobeleterie multicolore (Nos 961 à 963).
(2) Les articles blancs ou teintés unicolores, façonnés ou moulés après moulage du corps de l'objet, paient le tarif des articles multicolores.

	Tarif général 100 kg	Tarif minimum 100 kg
N° 963. — Autres objets, y compris les lampes autres qu'à incandescence, les bassins et pieds de lampes :	100 kg	100 kg
Simplement égrésinés, dépontillés ou bien flettés sur les bords :		
Blancs ou de couleur naturelle, unis ou avec reliefs obtenus par moulage	120ᶠ »	40ᶠ »
Teintés dans la masse et unicolores, unis ou avec reliefs obtenus par moulage	120 »	60 »
Blancs ou teintés dans la masse et unicolores, avec surface flettée ou parties taillées, gravées ou dépolies ou bien avec bouchon et (ou) goulot rodés	Valeur 70 %	Valeur 25 %
Multicolores, décorés d'or, de couleur ou autrement ou bien doublés par superposition de couches de verre de nuances différentes	70 %	25 %
Revêtus d'incrustations, d'applications ou plaqués par la galvanoplastie ou d'autres procédés	70 %	25 %
N° 964. — Lustres, girandoles, appliques, candélabres, flambeaux, chandeliers, plafonniers et autres articles du même genre, en verre ou en cristal, avec ou sans parties en métal commun	100 kg 1500ᶠ »	100 kg 500ᶠ »
N° 965. — Pièces de lustrerie en verre ou cristal telles que balustres, bobèches, boutons octogones, pendeloques, percées ou non, même avec attache en métal commun :		
Blanches ou teintées dans la masse et unicolores, unies, à reliefs ou bien taillées ou gravées	750 »	250 »
Multicolores, décorées d'or, de couleur ou autrement ou bien doublées par superposition de couches de verre de nuances différentes	900 »	300 »
Revêtues d'applications, d'incrustations plaquées par la galvanoplastie ou d'autres procédés	825 »	275 »
N° 966. — Objets en verre à feu :		
Unis ou moulés	375 »	125 »
Décorés	70 %	25 %
Gradués ou jaugés pour laboratoires, instruments scientifiques, etc.	3000 »	1000 »

III. — *Observations présentées par les intéressés.*

Sous le régime douanier actuel, la gobeleterie française de verre et de cristal n'est aucunement protégée contre la concurrence étrangère, les droits du tarif minimum étant insignifiants et n'étant aucunement en rapport avec les droits exorbitants perçus par certains pays voisins, l'Allemagne en particulier.

Une amélioration que l'industrie française apprécie hautement a été apportée à cette situation défavorable par le projet de loi du 11 août 1926, c'est-à-dire l'institution d'un droit ad valorem de 25 % qui, sans être exagéré, paraît néanmoins suffisant.

Toutefois, les droits du tarif minimum pour certaines positions ne sont pas assez élevés pour protéger l'industrie nationale et, d'autre part, la nomenclature de certaines positions ne tient pas compte des progrès faits dans le traitement du verre et du cristal.

Il y aurait lieu d'apporter au nouveau tarif les modifications suivantes :

N° 961. — Verres ou cheminées d'éclairage, etc.	750 ᶠ »	350ᶠ »
Autres	450 »	200 »
Réflecteurs, abat-jour, etc.		
Unis	300 »	150 »
Avec reliefs ou ornements etc.	405 »	200 »
N° 962. — Pièces pour le service de la table, etc.		
Unies	300 »	150 »
Avec reliefs ou ornements obtenus par moulage	405 »	200 »
Articles avec surface flettée ou taillée ou gravée à l'acide ou au sable, ou dépolie ou bien avec bouchon et (ou) goulot rodé, taillée ou gravée à la roue	Valeur 70 %	Valeur 25 %

	Tarif général 100 kg	Tarif minimum 100 kg
N° 965. — Pièces de lustrerie en verre ou cristal, etc.		
Blanches ou teintées dans la masse	750ᶠ »	350ᶠ »
multicolores, etc.	900 »	500 »
Revêtues d'applications, etc.	825 »	400 »
N° 966. — Objets en verre à feu :		
Unis ou moulés	375 »	175 »

Remarque au N° 962. Dans la position N° 962, il y aurait lieu de modifier la nomenclature en ce qui concerne l'ornementation comme il est indiqué ci-dessus, c'est-à-dire supprimer la 3ᵉ rubrique et la confondre dans la 4ᵉ, qui deviendrait alors la troisième : car, en effet, les procédés de gravure à l'acide ont atteint aujourd'hui un degré de perfectionnement tel que les objets traités à l'acide peuvent rivaliser avantageusement avec ceux ornés de plus riches tailles. Dans ces conditions, rien ne justifie plus une différence de taxation entre ces deux genres d'ornementation, taxation qui a d'ailleurs déjà été abandonnée par les pays concurrents.

IV. — *Propositions de la Commission des Douanes de la Chambre des Députés.*

(Rapport N° 4220. — Séance du 25 mars 1927.)

La Commission des Douanes a apporté les modifications suivantes au régime prévu par le projet de loi :

	Tarif général 100 kg	Tarif minimum 100 kg
N° 961. —	sans modification	
Réflecteurs, abat-jour, globes, tulipes, garde-brise ou verrines :		
Blancs ou teintés dans la masse et unicolores :		
Même rodés, flettés sur les bords ou percés :		
Unis	375ᶠ »	125ᶠ »
Avec reliefs ou ornements obtenus par un seul moulage	450 »	150 »
	Valeur	Valeur
Avec surface flettée ou parties taillées, gravées ou dépolies	60 %	20 %
Multicolores, décorés d'or, de couleur ou autrement, ou bien doublées par superposition de couches de verre de nuances différentes	sans modification	
Revêtus d'incrustations, d'applications ou plaqués par la galvanoplastie ou d'autres procédés	60 %	20 %
N° 962. — Pièces pour le service de la table ou de la toilette, articles de bureau ou objets destinés à l'ameublement ou à l'ornementation des habitations, tels que vases, jardinières, coupes, porte-bouquets, etc. :	Tarif général	Tarif minimum
Blancs ou teintés dans la masse et unicolores :		
Dépontillés ou bien flettés sur les bords :		
Unis	sans modification.	
	Valeur	Valeur
Avec reliefs ou ornements obtenus par moulage	60 %	20 %
Gravés à l'acide, au sable ou dépolis	60 %	20 %
Sans modification.		
N° 963. — Autres objets, y compris les socles pour pianos, les lampes autres qu'à incandescence, les bassins et pieds de lampes :		
Simplement égrénisés, dépontillés ou bien flettés sur les bords :		
Blancs ou de couleur naturelle, unis ou avec reliefs obtenus par moulage	non modifié.	
Teintés dans la masse et unicolores, unis ou avec reliefs obtenus par moulage	180ᶠ »	non modifié
Sans modification.		

V. — *Tarif douanier allemand actuellement en vigueur.*

(Droits convertis en francs français sur la base de 1 M = 6 fr.)

		Tarif autonome 100 kg.	Tarif contractuel 100 kg.
	Gobeleterie :		
N° 737.	— ni passée à la meule, ni dépolie, ni rendue mate, ni gravée à l'acide, ni taillée :		
	de couleur naturelle	30ᶠ »	—
	blanche (même demi-blanche) transparente	96 »	—
	colorée ou d'un blanc opaque	120 »	—
	Doublée	180 »	—
N° 738.	— passée à la meule (même polie), dépolie, rendue mate, passée à l'acide ou taillée :		
	genre cristal même imité, même combinée avec d'autres matières, en tant que, eu égard à cette combinaison, elle n'est passible d'un droit plus élevé :		
	doublée	3300 »	3000ᶠ » (1)
	autre	2310 »	2100 » (1)
	autrement égrisée ou taillée, même combinée avec d'autres matières, en tant que, eu égard à cette combinaison, elle n'est passible de droits plus élevés	1410 »	1410 »
	autre	480 »	480 »
N° 739.	—, peinte, dorée ou argentée, même façonnée (à dessins) par application de couleurs fixées à froid ou au feu, même combinée avec d'autres matières, en tant que, eu égard à cette combinaison, elle n'est passible de droits plus élevés	1200 »	—
N° 740.	— Globes pour lampes à incandescence	96 »	—
	Gobeleterie à usages médicaux ou chimiques	300 »	—

NOTE. — La tarification de la gobeleterie de toute espèce n'est pas modifiée par le tressage (clissage) d'une valeur insignifiante à l'aide d'osier (décortiqué ou non), de liber, de jonc, de paille ou de roseaux ou par l'application de feuilles de métal, d'étiquettes, etc. ; de même n'est pas considérée comme passée à la meule, moulée, dépolie, gravée à l'acide et façonnée (à dessins) la gobeleterie avec fond ou bords adoucis, conventionnellement même avec bouchons adoucis et avec bouchons à l'émeri, avec pas-de-vis moulé, avec inscriptions ou marques de fabrique obtenues au soufflage ou gravées à l'acide, ou avec marques de jauge gravées à l'acide.

(1) Sur la demande de l'importateur, la gobeleterie à façon cristal ou similaire, à l'exception de la gobeleterie pour appareils d'éclairage, sera taxée à raison de 25 % ad valorem à condition d'être dédouanée dans un bureau à déterminer par les Gouvernements.

VI. — *Comparaison des futurs droits français avec les droits allemands actuels.*

Si le droit de 25 % du tarif minimum est de nature à assurer une protection suffisante à la production nationale, ce taux est néanmoins loin d'être en rapport avec les droits exorbitants perçus par l'Allemagne. Tant que l'Allemagne maintiendra ses droits actuels, qui sont en moyenne supérieurs de 345 % aux droits français (taux de 25 %), le marché allemand restera fermé aux produits français en verre et en cristal ; car il est avéré que ces droits rendent franchement invendables en Allemagne les produits français quoi que prétendent les délégués allemands.

Et cependant l'industrie française aurait tant besoin d'exporter une partie de sa production vers l'Allemagne ! Le producteur mosellan insiste par conséquent pour que les représentants français réclament, sans transiger, pour les produits français l'avantage des droits ad valorem (25 %) dont bénéficie la Belgique pour ses produits en cristal et en verre exportés en Allemagne.

VERRES D'OPTIQUE

		Tarif général 100 kg	Tarif minimum 100 kg
I. — *Tarif douanier français actuel.*			
	Verres de montres :		
N° 352.	— bruts y compris les verres de fausses montres	264ʳ »	66ʳ »
N° 353.	— verres de pendules non bombés, taillés et polis	880 »	220 »
N° 354.	— verres de pendules autres et verres de montres taillés et polis	2640 »	660 »
	Verres de lunettes et d'optique :		
N° 355.	— plans ou bombés	162 »	40 50
N° 356.	— koylos ou verres à vitres taillés d'un côté et verres koylos plans d'un côté, même polis, convexes ou concaves de l'autre	162 »	40 50
N° 357.	— Verres de lunettes polis et taillés	1620 »	405 »

II. — *Projet de loi portant révision du Tarif général des douanes.*

		Tarif général 100 kg	Tarif minimum 100 kg
N° 968.	— Verres de montres ou de pendules :		
	bruts ou légèrement rodés, plans ou bombés, y compris les verres de fausses montres	600 »	200 »
	Taillés, polis, chanfreinés ou biseautés :		
	verres de montres, plans ou creux	2250 »	750 »
	Verres de pendules :		
	non bombés	750 »	250 »
	autres	900 »	300 »
N° 969.	— Verres de lunetterie :		
	bruts à surface non travaillés :		
	verre soufflé en feuilles ou bandes, plan ou bombé, de 1 à 10 millimètres d'épaisseur, les autres dimensions étant supérieures à celles des verres découpés du paragraphe suivant :		
	incolores	600 »	200 »
	colorés ou teintés dans la masse	900 »	300 »
	Verre soufflé, découpé en carrés d'environ 40 sur 40 millimètres à 50 sur 50 millimètres, en disques d'environ 40 à 55 millimètres de diamètre, en ovales d'environ 40 sur 30 millimètres à 50 sur 40 millimètres, de 1 à 10 millimètres d'épaisseur, plans ou bombés :		
	incolores	1050 »	350 »
	colorés ou teintés dans la masse	1350 »	450 »
	Verre coulé ou moulé, plans ou bombés en carrés, disques ou ovales, des dimensions spécifiées au paragraphe précédent, mais ayant 2 millimètres et demi à 16 millimètres d'épaisseur :		
	incolores	1125ʳ »	375ʳ »
	colorés ou teintés dans la masse	1800 »	600 »
	Travaillés (plans ou bombés) : En carrés d'environ 40 millimètres sur 40 millimètres, à 50 millimètres sur 50 millimètres, en disques d'environ 40 à 55 millimètres de diamètre, en ovales d'environ 40 millimètres sur 30 millimètres à 50 millimètres sur 40 millimètres, à une ou deux surfaces polies ou taillées :		Valeur	Valeur
	incolores ou de couleur	70 °/₀	25 °/₀
N° 970.	— Verres d'optique :		
	Bruts :		
	Verre d'optique scientifique :		
	en plateaux, même facettés sur bords pour le contrôle de l'homogénéité	60 °/₀	20 °/₀
	en lentilles brutes	60 °/₀	20 °/₀
	en prismes bruts	60 °/₀	20 °/₀

	Tarif général 100 kg.	Tarif minimum 100 kg.
Verre d'optique ordinaire en moulages tels que condensateurs, verres lenticulaires sur une ou deux faces pour lanternes, phares de voitures, lampes électriques de poche, de forme ronde, ovale, rectangulaire, etc. ; miroirs Mangin et sphériques, oculaires, viseurs, rétroviseurs	60 %	20 %
Disques pour miroirs de télescopes	60 %	20 %
Pièces pour phares, telles qu'anneaux, manchons, prismes .	60 %	20 %
Taillés, polis ou biseautés :		
Lenticulaires pour lanternes, phares de voitures, lampes électriques de poche et autres analogues (1)	60 %	20 %
Autres	70 %	25 %

III. — *Observations présentées par le producteur mosellan.*

Verres d'optique. D'une manière générale, les nouveaux droits sont de nature à donner satisfaction à l'industrie mosellane et le projet de loi témoigne d'un grand progrès vis-à-vis du tarif actuel. La protection des verres de lunettes apparaît sur ces bases sensiblement améliorée.

Verres de montres. Le centre principal de la fabrication mondiale des verres de montres se trouve dans le département de la Moselle, où 70 % des besoins mondiaux sont produits. Dans ces conditions, les nouveaux droits n'étaient pas moins que nécessaires pour protéger l'industrie mosellane.

IV. — *Propositions de la Commission des Douanes de la Chambre des Députés.*
(Rapport N° 4220. — Séance du 25 mars 1927.)

Les droits prévus au projet de loi ont été intégralement maintenus par la Commission des Douanes.

V. — *Tarif douanier allemand actuellement en vigueur.*		Tarif autonome 100 kg.	Tarif contractuel 100 kg.
N° 752.	— Verre d'optique brut (même par endroits passé à la meule pour en constater la pureté)	18f »	—
N° 753.	— Verre brut en boules ou calottes (segments) pour la fabrication des verres d'horlogerie ou de lunettes, même découpé ou coloré	48 »	—
N° 754.	— Verres de montres, même colorés :		
	non passés à la meule, non moulés . . . . poids brut	180 »	—
	moulés	720 »	—
N° 755.	— Verres de lunettes et autres verres pour les yeux et verres pour stéréoscopes même colorés, mais non passés à la meule, non montés	90 »	—
N° 756.	— Verres de lunettes passés à la meule et autres verres pour les yeux, passés à la meule (même préparés pour l'usage immédiat), verre d'optique passé à la meule ; tous ces articles même colorés, mais non montés	360 »	—
	Lentilles, loupes (verres grossissants), verres pour stéréoscopes, passés à la meule ; tous ces articles même colorés, mais non montés	720 »	—

VI. *Comparaison des futurs droits français avec les droits allemands actuels :*

Les droits allemands actuels paraissent excessifs, même si l'on tient compte de la protection qu'ils doivent assurer à la jeune industrie allemande dont la production est plutôt réduite et ne suffit pas à alimenter le marché allemand. Il y aurait donc lieu d'obtenir une réduction des droits allemands surtout en ce qui concerne la position N° 754 pour laquelle les taux devraient être abaissés respectivement de 30 et 120 RM. à 5 et 20 RM.

---

(1) Les verres non lenticulaires en glaces taillés ou chanfreinés suivent le régime des plaques ou morceaux de glace travaillés etc.

COURONNES MORTUAIRES EN PERLES DE VERRE.

I. — *Tarif douanier français actuel.*

	Tarif général Valeur	Tarif minimum Valeur
Ex N° 358. — Vitrifications : Couronnes ébauchées ou terminées et autres objets en vitrification ou porcelaine avec ou sans ornements de métaux.	40 %	10 %

II. — *Projet de loi portant révision du Tarif général des douanes.*

	Tarif général Valeur	Tarif minimum Valeur
Ex N° 972. — Vitrifications : Couronnes ébauchées ou terminées et autres objets en verroterie ou vitrification avec ou sans parties ou ornements de métaux, fils de textiles, tissus, etc.	60 %	20 %

III. — *Observations présentées par le fabricant mosellan.*

Les nouveaux droits semblent assurer à la production nationale une protection suffisante.

IV. — *Propositions de la Commission des Douanes de la Chambre des Députés.*
(Rapport N° 4220. — Séance du 25 mars 1927.)

La Commission a adopté sans changement le régime prévu au projet de loi.

V. — *Tarif douanier allemand actuellement en vigueur.* (Droits convertis en francs français sur la base de 1 Mk = 6 fr.).	Tarif autonome 100 kg.	Tarif contractuel 100 kg.
N° 761. — Perles de verre, vitrification, pierres de verre, coraux de verre et similaires cousus ou enfilés sur des fils textiles, des cordons ou des fils métalliques et pouvant directement servir de parures	1440ᶠ »	720ᶠ »
Articles de garniture fabriqués de la même façon avec des perles de verre, etc.	1440 »	—

VI. — *Comparaison des futurs droits français avec les droits allemands actuels.*

Les droits allemands sont exorbitants et représentent environ 150 % de la valeur de la marchandise ; car les couronnes fabriquées en Moselle ne sont pas des articles précieux comme bien d'autres articles en perles, étant donné qu'elles sont confectionnées en grande partie avec des perles ordinaires et qu'elles sont d'autre part très lourdes. Il y aurait donc lieu d'obtenir une très forte réduction des droits allemands.

THERMOMÈTRES ET BOUTEILLES ISOLANTES.

I. — *Tarif douanier français actuel.*

		Tarif général 100 kg.	Tarif minimum 100 kg.
N° 359.	— Bouteilles, flacons et fioles ordinaires, pleins ou vides :		
	d'une capacité d'un demi-litre et plus..................	95f 20	23f 80
	d'une capacité inférieure à un demi-litre	136 »	34 »
Ex N° 634 ter.—	Thermomètres......................................	4080 »	1020 »
		la pièce	la pièce
	Thermomètres médicaux............................	1 70	0 85

II. — *Projet de loi portant révision du Tarif général des douanes.*

		Tarif général Valeur	Tarif minimum Valeur
N° 978.	— Bouteilles ou flacons de chasse, de voyage ou de sport :		
	Bouteilles isolantes, genre Thermos et analogues :		
	Bouteille ou ampoule qu'elle soit ou non gravée, taillée, décorée, platinée, argentée, étamée ou doublée de métal :		
	non garnie......................................	36 %	12 %
	garnie, c'est-à-dire avec gaine, enveloppe ou étui, en cuir naturel ou artificiel, feutre, linoléum, toile cirée, métal commun, y compris, le cas échéant, le support, timbale, gobelet, cordonnet ou courroie (1)	48 %	16 %

		la pièce	la pièce
Ex N° 1661.—	Thermomètres avec ou sans monture, à graduation centigrade ou autre, ainsi que leurs pièces détachées :		
	Médicaux et vétérinaires...........................	3f 75	1f 25
		Valeur	Valeur
	Autres...	45 %	15 %

III. — *Observations présentées par le fabricant de la Moselle.*

Les thermomètres semblent jouir d'une protection suffisante avec les droits du nouveau tarif.

En ce qui concerne les bouteilles isolantes, il y a, par contre, lieu de protester énergiquement contre l'insuffisance des droits proposés au tarif minimum, droits qui ne manqueraient pas d'entraîner la fermeture immédiate des fabriques françaises de ces produits. En effet, cette industrie est toute nouvelle en France, et si on tient compte que les ouvriers spécialistes doivent être embauchés à l'étranger à des salaires très élevés en vue de l'apprentissage des ouvriers français et que des sommes considérables ont dû être engagées pour la mise sur pied de cette industrie, on arrive à la constatation suivante en ce qui concerne le prix de revient de la bouteille française et de la bouteille allemande importée :

Prix de revient de la bouteille isolante française................. 4,60 fr.
Prix de revient de la bouteille isolante allemande dédouanée........ 3,03 fr.

La protection, qui est dans ces conditions nécessaire à l'industrie française pour lui permettre de vivre, doit non seulement contrebalancer les avantages résultant pour les Allemands de l'ancienneté de cette fabrication, mais aussi l'écart de prix résultant du « Dumping » pratiqué par les Allemands en vue de la destruction de l'industrie française naissante.

Il est, d'autre part, indispensable, afin d'éviter la fraude, d'établir des droits spécifiques au lieu de droits *ad valorem*. Le producteur mosellan demande l'établissement des nouveaux droits de la façon suivante :

	Tarif minimum la pièce
Bouteilles ou ampoules non garnies :	
d'un demi-litre ou moins de contenance	2f 50
de plus d'un demi-litre de contenance	3 »
Bouteilles isolantes garnies :	
d'un demi-litre ou moins........................	5 »
de plus d'un demi-litre	6 »

____

(1) Les garnitures, cordonnets et accessoires importés isolément sont taxés aux mêmes droits (48 et 16 % de la valeur).

	Tarif général	Tarif minimum

IV. — *Propositions de la Commission des Douanes de la Chambre des Députés.*

(Rapport N° 4220. — Séance du 25 mars 1927.)

N° 978. — Bouteilles ou flacons de chasse, de voyage ou de sport :
Bouteilles isolantes, genre Thermos et analogues :
Bouteille ou ampoule qu'elle soit ou non gravée, taillée, décorée, platinée, argentée, étamée ou doublée de métal :

		le kilo	
Non garnie	19f 50		6f 50

Garnie, c'est-à-dire avec gaine, enveloppe ou étui en cuir naturel ou artificiel, feutre, linoléum, toile cirée, métal commun, y compris, le cas échéant, le support, timbale,

		Valeur	
gobelet, cordonnet ou courroie	60 %		20 %

En ce qui concerne les thermomètres, le régime prévu par le projet de loi n'a pas été modifié par la Commission des Douanes.

CHAUSSURES

	Tarif général la paire	Tarif minimum la paire

I. — *Tarif douanier français actuel.*

Ex N° 481. — Bottines ou souliers, brodequins en chèvre couleur, chevreau ou peau imitation chevreau, en maroquin, en poulain, veau mégis, ciré, naturel, verni, glacé ou en toute autre peau non dénommée . . . . 52ᶠ 80 — 13ᶠ 20

Ex N° 483. — Chaussures pour enfants avec semelles de cuir ou de peau ayant moins de 17 cm de long :
en tout ou partie de peau ou en tissu de soie pure ou mélange, cousues . . . . 13 60 — 3 40
autres . . . . 4 08 — 1 02

II. — *Projet de loi portant révision du Tarif général des douanes.*

	Valeur	Valeur

N° 1261. — Bottines, brodequins et autres chaussures montantes, même avec pompons ou nœuds fixés sur le tissu, feutre ou cuir (1) :
A semelles extérieures en cuir naturel, en caoutchouc, ou en crêpe, caoutchouc cousues, en caoutchouc, en fibres ou autrement composées :
dessus en cuir naturel, en cuir artificiel ou en simili cuir, etc. 66 % — 22 %

Ex N° 1263. — Tous souliers autres que décolletés ou découverts comportant ou non des brides, barrettes, lacets élastiques ou autre mode de fermeture, etc. :
à semelles extérieures en cuir naturel, etc. : dessus de cuir naturel, en cuir artificiel ou en simili cuir, etc. . . . . . 66 % — 22 %

Ex N° 1265. — Chaussures pour enfants ayant moins de 17 cm de longueur (bottes, botillons, bottines, brodequins, souliers, pantoufles, etc.) :
à semelles extérieures en cuir naturel, etc. (2) . . . . 60 % — 20 %

III. — *Observations présentées par le fabricant mosellan.*

Le producteur mosellan n'a pas d'observations à présenter au sujet des droits prévus au projet de loi, ces derniers lui assurant une protection suffisante.

IV. — *Propositions de la Commission des Douanes de la Chambre des Députés.*
(Rapport N° 4220 — Séance du 25 mars 1927.)

La Commission des Douanes a adopté sans modifications le régime prévu au projet de loi.

V. — *Tarif douanier allemand actuellement en vigueur.* (Droits convertis en francs français sur la base de 1 Mk = 6 fr.)	Tarif autonome 100 kg	Tarif contractuel 100 kg
N° 556. — Chaussures en cuir de toute espèce avec semelles autres que de bois :		
la paire pesant plus de 1 kg 200	510ᶠ »	510ᶠ »
la paire pesant plus de 600 gr. et jusqu'à 1200 gr.	720 »	720 »
la paire pesant 600 gr. ou moins	1080 »	1080 »

---

(1) Sont classés distinctement, les souliers, les pantoufles, les chaussures en caoutchouc, les chaussures d'enfants, les chaussons, les espadrilles, les chaussures garnies de fourrure, les chaussures au crochet et les chaussures en bonneterie.
(2) Une botte dépariée paye sur la moitié de la valeur de la paire.

VI. — *Comparaison des futurs droits français avec les droits allemands actuels.*

Le producteur mosellan a de tout temps exporté vers l'Allemagne et, par suite des droits prohibitifs qui rendent toute exportation impossible, il se trouve dans une situation critique. Il serait absolument nécessaire d'obtenir une réduction des droits allemands.

RESSORTS D'HORLOGERIE

I. — *Tarif douanier français.*

		Tarif général 100 kg	Tarif minimum 100 kg
N⁰ 509. — Fournitures d'horlogerie		2448ᶠ »	....
		Valeur	Valeur
Ex N⁰ 604. — Pièces détachées de phonographes et similaires		50 %	25 %

II. — *Projet de loi portant révision du Tarif général des douanes.*

	Tarif général Valeur	Tarif minimum Valeur
N⁰ 1300. — Fournitures d'horlogerie (petit volume) :		
Spiraux de montres en tous métaux, virolés ou non et ressorts de montres	70 %	25 %
autres	54 %	18 %
N⁰ 1308. — Fournitures d'horlogerie (gros volume) :		
Spiraux et ressorts de pendules ou de réveils en tous métaux	70 %	25 %
autres	60 %	20 %
Ex N⁰ 1611. — Pièces détachées de phonographes, gramophones ou machines parlantes et similaires	70 %	25 %

III. — *Observations présentées par le fabricant mosellan.*

Si le tarif général assure une protection suffisante, il n'en est pas de même du tarif minimum. En effet, en comparant les prix de vente des produits français et ceux des produits allemands vendus en France, compte tenu des droits de douane du tarif minimum, on arrive à la constatation suivante :

	Prix français la grosse	Prix allemands la grosse
Ressorts de montres	72ᶠ »	81ᶠ 25
Ressorts de réveils	95 »	75 »
Ressorts de phonographes	18 »	18 75

Il en résulte que l'industrie des ressorts, qui traverse déjà une crise, se verrait dans une situation tout à fait défavorable, si les droits du tarif minimum n'étaient pas augmentés de façon à assurer la protection dont a besoin cette industrie.

IV. — *Propositions de la Commission des Douanes de la Chambre des Députés.*

(Rapport n⁰ 4220. — Séance du 25 mars 1927.)

La Commission des Douanes n'a pas cru devoir modifier les droits prévus au projet de loi.

V. — *Tarif douanier allemand actuellement en vigueur.*

(Droits convertis en francs français sur la base de 1 Mk = 6 fr.)

	Tarif autonome 100 kg	Tarif contractuel 100 kg
N⁰ 933. — Parties de montres en métaux communs ou alliages de ces métaux	1200ᶠ »	—
Ex N⁰ 935. — Parties d'horloges en métaux communs ou alliages de ces métaux	720 »	— —
Ex N⁰ 936. — Parties d'horloges pour édifices en métaux communs ou alliages de ces métaux	600 »	—

VI. — *Comparaison des futurs droits français avec les droits allemands actuels.*

Pour permettre au producteur mosellan d'exporter vers l'Allemagne sa surproduction, il est absolument indispensable d'obtenir une réduction du taux appliqué aux ressorts entrant dans l'article N⁰ 935 du tarif allemand, qui devrait être ramené de 720 fr. à 450-500 francs.

HAVEUSES POUR MINES

Dans le tarif proposé, comme dans l'ancien tarif, les haveuses sont inscrites sous la rubrique « machines pneumatiques » et classées comme « machines-outils ».

Or, d'après les instructions écrites, données par M. le Directeur général des Douanes lui-même à des fabricants, ces haveuses pneumatiques ont été admises jusqu'ici comme « appareils complets non dénommés » et payent à ce titre des droits moins élevés que ceux qu'elles devraient acquitter d'après leur classement comme « machines-outils ».

Les intéressés demandent en conséquence que dans le nouveau tarif projeté, les haveuses soient classées non plus aux « machines-outils », mais aux « appareils complets non dénommés ».

CUISINIÈRES

I. — *Tarif douanier français actuel.*

<table>
<tr><td></td><td></td><td>Tarif
général
100 kg.</td><td>Tarif
minimum</td></tr>
<tr><td>N° 557.</td><td>— Poêles, cheminées, calorifères, fourneaux de cuisine, cuisinières entièrement en fonte et les pièces détachées pour ces appareils ; ornementés ou non, non polis ni étamés, ni décorés par des applications d'émail ou de vernis . . .</td><td>211ᶠ20</td><td>52ᶠ80</td></tr>
<tr><td></td><td>Les mêmes appareils en fonte et tôle ou en tôle et les pièces détachées pour ces appareils, ornementés ou non, non polis ni étamés, ni décorés par des applications d'émail ou de vernis . . . .</td><td>316 80</td><td>79 20</td></tr>
<tr><td></td><td>Les mêmes appareils contenant des pièces de fonte ou de tôle polies, étamées, vernissées ou décorées par des applications d'émail en une seule couleur . . . .</td><td>422 40</td><td>105 60</td></tr>
<tr><td></td><td>Les mêmes appareils contenant des pièces de fonte ou de tôle, revêtues d'impressions ou de dessins ou décorées avec or ou par des applications d'émail en plusieurs couleurs . . . .</td><td>608 80</td><td>167 20</td></tr>
</table>

II. — *Projet de loi portant révision du Tarif général des douanes.*

<table>
<tr><td>Ex N° 1370.</td><td>— Poêles, calorifères, cuisinières, fourneaux, cheminées, chauffe-eau, réchauds, etc., en fonte, tôle de fer ou d'acier avec ou sans parties accessoires de cuivre pur ou allié :
à combustible ordinaire (bois, charbon de bois, houille, coke, anthracite, lignite, tourbe, etc.), y compris les radiateurs en fonte avec ou sans parties en fer ou acier et les cheminées à gaz :</td><td></td><td></td></tr>
<tr><td></td><td>entièrement en fonte, ornementés ou non polis ni étamés, ni décorés par des applications d'émail, de vernis, etc. (1)</td><td>225 »</td><td>75 »</td></tr>
<tr><td></td><td>En fonte et tôle ou en tôle ornementée ou non, non polis, ni étamés, ni décorés (1) . . . .</td><td>300 »</td><td>100 »</td></tr>
<tr><td></td><td>Partiellement ou entièrement polis, galvanisés, cuivrés, étamés, vernissés, ou décorés par des applications d'émail en une seule couleur (1) . . . .</td><td>390 »</td><td>130 »</td></tr>
<tr><td></td><td>Partiellement ou entièrement revêtus d'impressions, de dessins, décors, métal ou d'applications d'émail ou vernis en plusieurs couleurs (1) . . . .</td><td>630 »</td><td>210 »</td></tr>
</table>

III. — *Observations présentées par le fabricant mosellan.*

Le tarif minimum appliqué à l'entrée des cuisinières et fourneaux d'origine allemande serait ruineux pour les établissements mosellans fabriquant cet article, surtout en ce qui concerne la jeune industrie des cuisinières émaillées qui a fortement à lutter contre la concurrence de maisons allemandes renommées dans le pays. Le commerce allemand, qui est favorisé par des primes à l'exportation, est en mesure de livrer 15 % meilleur marché que le fabricant français qui est obligé de vendre à des prix ne lui laissant pour ainsi dire aucun bénéfice. Dans ces conditions, le tarif douanier français ne devrait, en aucun cas, être inférieur à la moyenne entre le tarif général et le tarif minimum.

IV. — *Propositions de la Commission des Douanes de la Chambre des Députés.*
(Rapport N° 4220 — Séance du 25 mars 1927.)

La Commission des Douanes a accepté intégralement le régime prévu au projet de loi.

---

(1) L'incorporation de faïences vernissées, émaillées ou décorées dans les appareils entraîne leur taxation comme appareils décorés par des applications d'émail en une ou plusieurs couleurs, selon le cas.

V. — *Tarif douanier allemand actuellement en vigueur.*
(Droits convertis en francs français sur la base de 1 Mk — 6 francs.)

		Tarif autonome 100 kg.	Tarif contractuel 100 kg.
	Ouvrages en terre cuite :		
N° 722.	— Poêles (cheminées, fourneaux de cuisine) et parties de poêles vernissées ou non, unis ou ornementés :		
	unicolores ou blancs	12ᶠ »	—
	multicolores, même avec enduits lustrés ou métalliques. .	36 »	---
	Fonte malléable, pièces de forge et autres articles en fer malléable, non dénommés ailleurs :		
N° 798.	— bruts :		
	pesant net par pièce		
	plus de 1000 kg.	27 »	—
	de plus de 100 kg.—1000 kg	30 »	—
	de 3 kg.—100 kg	36 »	--
N° 799.	— ouvrés :		
	pesant net par pièce		
	plus de 1000 kg.	42 »	—
	de plus de 100 kg.—1000 kg.	51 »	—
	de plus de 3 kg.—100 kg.	72 »	72ᶠ »

BECS A ACÉTYLÈNE

	Tarif général	Tarif minimum
I. — *Tarif douanier français actuel.*		
	la pièce	
Ex N° 630 quater. — Becs à branches en stéatite avec ou sans monture métallique	1ᶠ »	0ᶠ 25
Becs à branches métalliques avec pointe en stéatite .	1 »	0 25
Ex N° 630 quinquiès. — Becs simples en stéatite	0 10	0 025

II. — *Projet de loi portant révision du Tarif général des douanes.*

	Tarif général	Tarif minimum
N° 1707. — Becs pour l'éclairage à l'acétylène :		
A branches :		
en stéatite avec ou sans monture métallique	1 80	0 60
métalliques avec pointe en stéatite	1 20	0 40
Simples en stéatite	0 45	0 15

III. — *Observations présentées par les intéressés.*

Le projet de loi apporte aux droits de douane sur les becs à acétylène des majorations extrêmement élevées, majorations qui se conçoivent d'autant moins que la fabrication de ces becs est pratiquement inexistante en France et qu'en ce qui concerne notamment l'industrie minière mosellane, les becs utilisés sont exclusivement de provenance étrangère. Les nouveaux droits n'ont donc pas pour effet d'assurer la protection d'une branche quelconque de l'industrie nationale. D'autre part en augmentant considérablement les droits de douane applicables à un objet relativement peu coûteux et qu'on ne trouve pratiquement pas en France, on porterait une grave atteinte à l'industrie minière et imposerait une lourde charge aux ouvriers de cette industrie qui doivent acquérir de leurs deniers la lampe et les becs de rechange, constituant pour eux un instrument de travail indispensable. L'industrie minière mosellane insiste par conséquent pour que les droits de douane actuellement applicables aux becs à acétylène ne soient pas augmentés.

IV. — *Propositions de la Commission des Douanes de la Chambre des Députés.*
(Rapport N° 4.220. — Séance du 25 mars 1927.)

La Commission des Douanes a cru devoir maintenir les droits prévus au projet de loi. Pour les raisons indiquées plus haut, il y aurait lieu au contraire de maintenir les droits actuellement en vigueur.

Imprimerie Lorraine, 14, rue des Clercs, Metz.